广东省普通高校人文社会科学重点研究基地：广东海洋大学海洋经济与管理研究中心
广东海洋大学应用经济学特色重点学科

共享发展推进中减税政策的影响机制与效应研究

文雨辰　著

中国财经出版传媒集团
中国财政经济出版社
·北京·

图书在版编目（CIP）数据

共享发展推进中减税政策的影响机制与效应研究 / 文雨辰著. -- 北京：中国财政经济出版社，2024.6
ISBN 978-7-5223-3127-0

Ⅰ.①共… Ⅱ.①文… Ⅲ.①减税－税收政策－研究－中国 Ⅳ.①F812.422

中国国家版本馆 CIP 数据核字（2024）第 091862 号

责任编辑：胡　博　　　　　　责任印制：史大鹏
封面设计：孙俪铭　　　　　　责任校对：徐艳丽

共享发展推进中减税政策的影响机制与效应研究
GONGXIANG FAZHAN TUIJIN ZHONG JIANSHUI ZHENGCE DE
YINGXIANG JIZHI YU XIAOYING YANJIU

中国财政经济出版社 出版

URL：http：//www.cfeph.cn
E-mail：cfeph@cfeph.cn

（版权所有　翻印必究）

社址：北京市海淀区阜成路甲 28 号　邮政编码：100142
营销中心电话：010-88191522
天猫网店：中国财政经济出版社旗舰店
网址：https：//zgczjjcbs.tmall.com
中煤（北京）印务有限公司印刷　各地新华书店经销
成品尺寸：170mm×240mm　16 开　12 印张　179 000 字
2024 年 6 月第 1 版　2024 年 6 月北京第 1 次印刷
定价：50.00 元
ISBN 978-7-5223-3127-0
（图书出现印装问题，本社负责调换，电话：010-88190548）
本社图书质量投诉电话：010-88190744
打击盗版举报热线：010-88191661　　QQ：2242791300

前　言

党的十八届五中全会正式提出"创新、协调、绿色、开放、共享"五大新发展理念，并将共享作为发展的出发点和落脚点，这是对中国特色社会主义本质要求的最新体现，继承并丰富了马克思主义发展思想，为中国发展道路指明了正确的方向。深入挖掘共享发展的理念意蕴，并从实践层面探寻共享发展的路径机制，具有重大的时代价值。

共享发展的推进价值核心在人，关键在于加强和创新国家治理体系，将人民的根本利益和基本诉求作为一切工作的重心。党的十八届三中全会指出"财政是国家治理的基础和重要支柱"，这一论断将财税的职能定位提升至前所未有的新高度，表明财税将深度嵌入国家治理的全过程，并在宏观调控、优化资源配置、完善利益分配、促进社会公平正义等多方面发挥重要作用，从而成为共享发展推进中的中坚力量。党的十八大以来，中国特色社会主义税收进入了新时代，结构性与普惠性相结合的多项减税政策相继出台，体现了新时代"为民轻税"的理念，是以人为根本发展中心的思想在税收上的最新发展。尽管无论在政策安排上还是在实践运行中财税政策与共享发展都有着非常紧密的关系，但有关两者的实证研究和分析却寥寥无几。因此，本书以我国长期实行的减税降费为政策背景，在对当前共享发展状况进行测度的基础上，分别从理论和实证层面廓清了不同发展阶段下减税政策的实施对共享发展的作用机制与实际影响效果，并且根据论证结果设计出共享发展推进中税收政策的优化建议。对于这一议题的探讨与研究无疑契合了我国时下的政策背景与发展方向。

本书以问题为导向，围绕以下内容而展开。

其一，对于减税政策对共享发展的作用机制应当建立一个怎样的理论框架分析其中的逻辑关联？旨在把握减税政策与共享发展的研究起点、理论基础与逻辑关联。通过对国内外相关领域研究的梳理可发现，有关共享发展和减税政策的研究已相当丰富，其中所总结和积累的不少有价值的成果对本书的研究奠定了坚实的基础。尽管如此，该领域的研究仍有巨大潜力和现实需求，尤其是突破以往单向分析减税对利益分配的影响，而将共享发展拓展至人民生活的方方面面。为此，本书首先科学界定了共享发展的科学内涵及现实体现；其次梳理了我国自2008年以来的主要减税政策，并分析了这些减税政策的主要发力点，现实成效与财政后果；在上述基础上，明确减税政策的实施对共享发展的理论逻辑及其影响机制，为本书研究的进一步展开提供理论框架和分析思路。

其二，如何评价当前我国共享发展的实际状况？旨在对我国共享发展的现实状况进行基本判定，并为接下来的实证分析提供基础数据。为完成这一研究目标，本书突出解决了以下几个关键问题：一是创新性地将共享发展分为短期和长期两个阶段。本书一改传统将共享发展作为一个整体加以研究的做法，体现出共享发展渐进性和阶段性的特征，在把握其内涵的基础上，以我国是否进入高收入国家为时期界限，将共享发展划分为短期视角和长期视角两个历史阶段。二是科学构建评价指标体系。围绕着共享发展的理论内涵，结合数据资料来源的可得性和年度间口径的一致性，本书分别构建了共享发展短长期两套评价指标体系，以反映不同历史阶段下共享发展推进中重心任务的不同。其中，短期视角下，将共享发展的评价核心聚集在物质层面，即确保收入的增长与公平分配；长期视角下，将共享发展作为一个涉及全员共同进步，个体全面发展的综合性、全局性问题，并分别从经济、生态、社会、文化、政治五个维度出发设计相应指标衡量我国长期发展中所达到的共享水平。两套指标体系的二级指标均采用相对数指标，可直接用于反映年度间的纵向差异和同一年不同省市间的横向差异。三是选定测度评价方法。在众多的方法中，熵值法作为客观评价指标体系权重的方法，不仅弥补了主观评价的不足，还能反映指标体系内部的变异程度，因此，本书采取熵值法，以使得我国不同历史时期视角下共享发展水平的测度和评价更加科学合理。评价分析分别从全国、分省域、分指标等不同层次展开，得出的结论是：短期视角下，各地区2011—2020年的共享发展指数稳步提升，各地区的纵向差距有所减小，但差异化现象依然明显；省际层面，东部发达省市的共享发展指数远远领先其他省级地区，而西部地区虽处于落后地位，但已逐渐缩小与中东部地区的差距；具体指标层面，由人均地区生产总值所反映的地区间差异最为明显，说明地区间的共享基础（经济发展水平）本身存有较大差距，由此对于成果的共享必然存在一定的差异。长期视角下，各地区的共享发展指数在测算期间依然稳步提升，地区间的纵向差距则略有缩小；省际层面，东、中、西部间的地区差异已演变为省际差距；具体指标层面，各地居民对于经济和社会建设的成果共享水平相对较高，反观文化、生态、政治领域内的共享程度则呈现出一种参差不齐的状态，各地居民未能在该领域内普遍共享成果。

其三，减税政策的实施是否会对共享发展产生影响？旨在探究减税这一举措对不同时期视角下共享发展的具体影响效应，以及作用机制是否成立，从而更深层次地剖析减税是如何从直接影响和间接机制两个方面作用于共享发展的。首先，影响效应的分析建立在样本选用我国各省级地区（由于部分数据缺失，本书研究中的样本未将我国的西藏、香港、澳门、台湾等四个地方包括在内，特此说明）2011—2020年数据的基础上。其次，运用双向固定效应模型、工具变量、中介变量等计量方法对两者之间的关系进行科学合理的验证。检验分两个层次进行：一是减税对短期视角下共享发展的影响效应检验，同时，对减税过程延伸出的税收结构优化的影响效应加以检验；二是减税对长期视角下共享发展的影响效应检验，同时，对民生投入保障与支出效益的中介调节机制是否成立展开验证。得出的结论是：短长期视角下减税政策的实施对共享发展的推进作用有所不同。其中，短期视角下，随着各地减税力度的加大，其人均税收增幅趋于下降，会显著提升当地共享发展水平，这种促进作用在不同所属地区和不同税类的选择下会存在明显的异质性。此外，减税过程延伸出的税收结构优化也会作用于共享发展的推进。长期视角下，减税会引起地方政府自有财力上的缺乏，且这种财力缺乏不论从维持做大税基增速（GDP增速）困难度的角度，还是从拉弗曲线理论角度，都无法继续依靠减税的"放水养鱼"功效得以有效弥补，由此会对共享发展的实现形成阻碍，且主要体现在民生领域支出效益的降低上，这一结果依然存在明显的地区异质性。

其四，推进共享发展的进程中应该如何优化我国当前税收政策？旨在为如何推进共享发展而优化我国当前税收政策及其他配套措施提出改善建议。本书以理论分析和实证检验结果为依据，分别从短期发展阶段和长期发展阶段两个环节对我国下一步税收政策的制定提出建议。考虑到共享发展是一个宏大的工程，对于共享发展的推进还需将目光放宽至整个财政范畴，并将税收工具视为整体财政政策的一个有机组成部分。除此之外，在调整和完善财政政策的同时，还应注重社会管理制度与环境的建设，为推进共享发展创造良好的外部条件。为此，本书提出的政策主张主要集中在：一是从整体上把握税制结构的优化方向，即从间接税转向直接税，而这一改革必须立足于我国现实情况和改革路线。在当前减税降费的政策背景下，将税制结构的优化与以减税为核心的税制改革有机结合，在此过程中妥善处理好间接税和直接税的关系，而待时机成熟时全方位提升直接税的调节功能。二是从具体税种层面分步完善我国税收政策。一方面，在短期发展阶段改善税收重点领域的各项减税政策，以继续适当调整税制结构。具体包括：进一步完善增值税各项减税政策；及时调整消费税征收范围和税率；推动形成税基宽广、税率适中的个人所得税制；根据企业所在行业的不同实行差别化征收。另一方面，长期发展阶段下需适时巩固地方自有税收能力，包括：打造地方政府的主体税种，继续改革资源税等现有税种。在完善直接税体系，全面优化税制结构的同时，夯实地方自有财力水平。三是从整个财政范畴推进共享发展。一方面，理顺中央和地方间的财政关系。共享发展的推进既需要党中央的顶层设计和整体协调，也需要依靠各地方政府面向实际，切实发挥其社会管理职能。对此，还需进一步理顺政府间的财政关系，以保障各级政府的民生职责。另一方面，构建民生财政，优化财政支出。共享发展不论是从当前阶段还是从长远角度都需要民生财政给予支撑。对此，还需继续优化财政支出结构，调动更多的财政资金投向民生领域，并确保它能高效地投向重点区域、重点项目和重点人群。四是改善共享发展推进中的社会环境。通过户籍制度和人口管理上的创新，确保同一地区不同群体公平享有各项公共权益；加强农村转移人口的日常管理工作，以提高其技能和素养，真正转变为"人才红利"，加入共建共享当中；通过推进土地股份制改革，维护农村失地农民的合理利益，以形成其日后加强自我提升、共享当地发展成果的资本。

目 录

第1章 绪论 …………………………………………………………… 1
    1.1 研究缘起：研究背景与意义 ………………………………… 1
    1.2 研究动态：国内外研究综述 ………………………………… 4
    1.3 研究焦点：研究内容、方法、主要创新点与不足 ………… 24

第2章 共享发展理念的提出与内涵解析 …………………………… 30
    2.1 共享发展理念的提出与时代意义 …………………………… 30
    2.2 共享发展的内涵解析 ………………………………………… 34
    2.3 不同时期共享发展的主要体现 ……………………………… 44
    2.4 本章小结 ……………………………………………………… 50

第3章 减税政策的回顾与成效 ……………………………………… 51
    3.1 结构性减税政策的主要内容及评价（2009—2011年）……… 51
    3.2 以"营改增"为主导的减税政策主要内容及评价
        （2012—2017年）……………………………………………… 54
    3.3 大规模、普惠性的减税政策主要内容及评价
        （2018—2022年）……………………………………………… 60
    3.4 减税政策的成效与财政影响 ………………………………… 70
    3.5 本章小结 ……………………………………………………… 74

第4章 减税政策对共享发展的作用机理 …………………………… 76
    4.1 减税可助推短期视角下的共享发展 ………………………… 76

4.2　持续减税可能会对长期视角下的共享发展形成阻碍 ············· 85
　　4.3　本章小结 ·· 93

第5章　我国共享发展的现状测度及分析 ······························· 95
　　5.1　共享发展的评价设计 ··· 95
　　5.2　评价方法的选择与测度 ·· 102
　　5.3　共享发展水平的现状分析 ······································ 105
　　5.4　本章小结 ·· 114

第6章　减税政策对共享发展影响效应的实证分析 ····················· 116
　　6.1　减税政策对短期视角下共享发展的影响效应检验 ············· 116
　　6.2　减税政策对长期视角下共享发展的影响效应及作用机制
　　　　　检验 ·· 127
　　6.3　本章小结 ·· 141

第7章　共享发展目标下税收政策的改善与配套措施 ··················· 143
　　7.1　共享发展导向下需继续优化税制结构：从间接税到直接税 ··· 143
　　7.2　短期发展阶段需继续优化各项减税政策 ······················ 145
　　7.3　长期发展阶段需巩固地方自有税收能力 ······················ 153
　　7.4　共享发展目标下的相关配套措施 ······························ 158
　　7.5　本章小结 ·· 166

结语 ·· 168

参考文献 ·· 170

第1章

绪　　论

1.1　研究缘起：研究背景与意义

1.1.1　研究背景

2022年10月党的二十大召开，此次会议不仅再次确定了共同富裕作为社会主义的本质要求，更确定了共同富裕作为中国式现代化的重要特征，强调新时期下的共同富裕要取得新成效。从摆脱贫困到全面小康，中国共产党一直带领着全国人民朝着共同富裕稳步前行。如今，我国的发展之路踏上了新征程，对于共同富裕的推进也将规划新任务，使其达到新高度。对此，习近平总书记已表示，要办好共同富裕这件事，等不得，也急不得。实现共同富裕是个大工程，"图纸"虽已初步画好，但该怎样施工，其中的力道又该如何把握，换言之，具体的路径该如何规划已成为重中之重。与此同时，伴随着新中国成立七十余载，和改革开放四十余年，我国的经济、社会、科技等各个层面取得辉煌成绩的同时也屡经挑战。如今，我国正处于前所未有的大变局时代，一方面，国内经济增速日益下行，已由高速增长转向新常态阶段，新冠疫情的暴发与防控进一步对国内经济造成了重创；另一方面，国际局势复杂多变，外在环境的风险因素不断增加。对于时代的进程、人民的诉求以及国内外局势的变化，党中央洞察于先，并在党的十八届五中全会上提出新时期下"创新、协调、绿色、开放、共享"的发展新理念，其中，将"共享"摆在了高质量发展的根本目标方位。共享发展理念的提出是对新时期下共同富裕的继承与升华，两者如出一辙，都是对马克思科学理论的继承，将"以人民为中心"的价值取向蕴含到新的发展思想中，为新时期下共同富裕的实现指明了科学的实践路径，同时也有助于团结全体人民共同应对国家未来发展中的种种挑战。

进入新时期，共享发展的核心便在于让全体人民在社会主义事业的建设中实现自我提升，增强人民在共建过程中的获得感，这种获得感来自多层面、宽领域，体现了物质与精神的相结合，整体与局部的相协调，在人与人的平等互利中、人与自然环境的和谐共融中逐渐走向共同富裕。这个富不是少数人的富，必须让全体人民共享社会主义事业发展成果。党的十九大报告对新态势下的中国为什么要实现共享发展，怎样推进共享发展的实现等问题做出了系统性的回答。我国是社会主义制度下的民主国家，奉行人民当家作主的治国理念，因此，如何科学地为人民百姓谋福祉，促进人的全面进步和全体社会成员的共同富裕就是一切发展的最终归宿。新时期我国社会发展的主要矛盾已然发生了新的转变，一方面，人民对于美好生活的追求愈发强烈；另一方面，现实发展中面临着不充分不平衡的状况。对此，共享发展理念的提出，正是化解这一现实矛盾的重要突破口，对于我国社会发展的变革并顺利迈向高质量发展阶段有着十分深刻的意义。

共享发展的推动与促进无疑需要各级政府的积极作为和政策工具的有效实施。其中，税收是政府经济调控、利益调节的重要工具，在现有的研究文献中，学术界普遍认为我国当前的减税政策迎合了宏观经济调控的方向，并为经济的平稳运行持续发力。那么，在此过程中，减税能否进一步助力于将经济发展的成果惠及全体人民，实现高质量发展的根本目标？对于这一问题显然还有着进一步探讨和研究的空间与价值。

1.1.2 研究意义

目前，国内环境和国际局势都面临着复杂而深刻的变化，仅就国内环境而言，经济的长期低位运行和人民群体间的差距日益拉大，直接影响到我国社会的稳定与前行。种种现实问题表明，当下所要完成的时代性任务不仅是高质量发展布局的形成，更要本着"一切发展为人民"的思想，达到共享发展成果的目标。与此同时，新时代下中国特色社会主义"为民轻税"的税收思想也达到了最新发展。从金融危机后的结构性减税，到"营改增"为主导的减税,再到普惠性与实质性相结合的大规模减税降费,都是党中央审时度势,根据我国经济社会发展的最新变化做出的重大安排。从中可以看出,对市场主体整体税负的减轻,真正做到藏富于民,正是将"以人民为中心"的发展思想根植于税收政策的制定中。因此,本书的相关研究和思考具有重要的理论和现实意义。

1.1.2.1 理论意义

第一,丰富了新发展理念下的研究领域。自党的十八大以来,党中央直面我国经济社会发展中的新矛盾和新挑战,提出了新时期下的发展新理念,并将共享摆在了高质量发展的根本目标方位。"共享发展"是中国共产党领导下的社会主义中国最本质的要求,不仅对我国经济社会发展具有历史性的指导意义,更是增强发展内驱动力,提升民生福祉,完善国家治理体系的重要遵循。因此,准确理解共享发展的理论意蕴,并结合当前政策背景,探索促使共享目标的实现路径,有助于补充新发展观领域内的相关研究成果。

第二,丰富了新发展时期相关税收政策的研究领域。当前研究减税政策的文献不断丰富,关于减税政策所引起的不同效应的详细研究也在不断拓展。本书选择新发展理念下减税政策对共享这一根本发展目标的效应研究,重点考察减税措施对短期发展阶段和长期发展阶段下共享发展的影响效应及其可能存在的风险与不足等,将税收政策与宏观经济发展及人民成果共享等现实因素紧密结合起来,按照高质量发展目标的要求重新测度现阶段减税政策的实施效果,尝试构建与新发展理念相适应的税收政策体系,切实为相关税收政策理论研究添砖加瓦。

1.1.2.2 现实意义

共享是中国特色社会主义的本质要求,共享发展也是对高质量发展思想的丰富认识和深化创新,这一理念的提出对于我国发展中的现实问题具有十分鲜明的针对性。自改革开放以来,我国的经济、文化、社会等领域都得到了巨大的发展,并取得了举世瞩目的成绩,但与此同时,也应当看到一系列不平等、不均衡的问题日益凸显,城乡间、地区间、不同层次群体间的差距不断扩大。此外,人与自然的不和谐、物质与精神领域的不协调等都成为我国经济社会向更高水平发展的制约因素。正是这些发展中现实问题的存在与凸显构成了共享发展理念诞生的客观原因,在此背景下,探究共享发展的理论内涵与实践路径对于构建全体人民共建、共治、共享的发展新格局有着一定的现实意义。

1.2 研究动态：国内外研究综述

对国内外相关研究成果加以梳理和总结，以此判定本书研究论题的可行性和研究价值。

1.2.1 共享发展理论的相关研究

共享发展的推进与实现离不开理论的指导。目前，关于共享发展理论层面的研究主要涉及两个议题：其一，共享发展理念意蕴的研究；其二，共享发展的价值性研究。

1.2.1.1 共享发展理念意蕴的研究

"共享发展"虽是极具中国特色的原创性理念，但实现共同繁荣是所有国家的共同追求。早在 18 世纪，亚当·斯密便意识到了共享发展的重要性，并在其著作《国富论》中强调，若将社会经济的发展成果只由少数人享有，而忽视大部分人的利益，这样违背道义的社会是无法稳定存在的[①]。20 世纪，法国学者弗朗索瓦·佩鲁再次提出了"经济增长应该更加公平，将更多的增长成果惠及全体公民"的共享观点[②]。由此可以看出，共享发展的理念早已在西方学者的思想中有所体现，且学者们普遍从公平正义的角度来看待这一理念。而在相关研究领域中，罗尔斯无疑做出了巨大贡献，其著作《正义论》中公民权利与义务的公平分配原则也蕴含了共享的意向。罗尔斯认为，正义是至高无上的，但是由于人的才能、天赋、家庭、运气等因素会造成个人努力与回报的不平等，这种分配方式是不符合社会正义的，因此，他主张自由的市场不应是放任的，不能任由市场导致不公平，要以公平正义为目标，以制度为保障，创造人人机会平等的社会条件，包括防止产业和财富的过度

---

① 亚当·斯密. 国富论 [M]. 北京：商务印书馆，2015.
② 弗朗索瓦·佩鲁. 新发展观 [M]. 北京：华夏出版社，1987.

集中、保证所有人平等接受教育等①。

与国外研究相比,中国特色的共享发展理念与其存在相同之处,都认为其蕴含了社会公正的重要思想,将共享发展与社会分配正义作为内在统一的整体(吴忠民,2017②;卢丹阳,2020③)。如余达淮、刘沛妤(2016)强调共享发展的提出凸显了社会经济运行的内在公平性问题④。朱方明、贾卓强(2021)表示社会主义的内在要求就是实现社会公平正义,由此,共享发展必然要秉承分配公平正义的理念⑤。然而,在我国特定环境下产生的共享发展理念还有其更为丰富的内涵意蕴。

首先,学者们普遍认为对于共享发展理念意蕴的剖析应从多角度出发,包括主体维度、内容维度、前提维度、目标维度等(韩喜平,2016⑥;蒋茜,2016⑦)。如孙明慧(2017)认为需从主体、内容、前提、规则等多方面理解共享发展,并指出共享发展的主体是全体社会成员;共享发展的内容包括改革和发展中的一切成果,既涵盖物质层面,也涵盖精神层面;共享发展的前提是经济和社会始终处于不断发展之中;共享发展的规则包括权利公平、机会平等、规则公正等⑧。陈雪、王永贵(2020)则从全民共享、全面共享、共建共享、渐进共享四个导向理解共享发展。其中,全民共享是对"以人民为中心"发展观的体现;全面共享包括发展的权利、条件和成果;共建共享说明了发展动力和发展目标的辩证统一关系;渐进共享凸显了共享发展过程的渐进性与飞跃性的统一⑨。

---

① 约翰·罗尔斯. 正义论 [M]. 北京: 中国社会科学出版社, 2009.
② 吴忠民. 普惠性公正与差异性公正的平衡发展逻辑 [J]. 中国社会科学, 2017 (9): 33-44.
③ 卢丹阳. 共享发展视域下我国分配正义实现路径探析 [J]. 法制与社会, 2020 (12): 86-88.
④ 余达淮, 刘沛妤. 共享发展的思维方式、目标与实践路径 [J]. 南京社会科学, 2016 (5): 62-68.
⑤ 朱方明, 贾卓强. 共担、共建、共享: 中国共产党百年分配思想演进与制度变迁 [J]. 经济体制改革, 2021 (5): 5-10.
⑥ 韩喜平. 整体把握共享发展理念的四个向度 [J]. 社会科学家, 2016 (12): 30-34.
⑦ 蒋茜. 论共享发展的重大意义、科学内涵和实现途径 [J]. 求实, 2016 (10): 62-69.
⑧ 孙明慧. 共享发展的思想源流、科学内涵与衡量标准 [J]. 江西社会科学, 2017 (11): 239-244.
⑨ 陈雪, 王永贵. 全面把握新时代共享发展理念的理与路 [J]. 南京工业大学学报 (社会科学版), 2020, 19 (5): 48-57.

其次，学者们会通过将共享发展与其他类似概念加以辨析，从而更准确地理解共享发展的内涵意蕴。其一，对于共享发展与共享经济，赵满华（2016）提出共享发展与共享经济属于不同领域下的概念，共享发展强调社会分配的公平正义，共享经济则是新时代新技术下诞生的一种新型经济模式[1]。其二，共享发展与包容性发展有本质区别。如王大树（2016）表示包容性发展强调的是对社会中弱势群体的包容，提倡给予其发展的机会，这本身就隐含了社会中所存在的不平等，共享发展则是要打破不平等，让所有社会成员都有着相同的权利，共同享有发展成果[2]。其三，对于共享发展和共同富裕，学者们则普遍认为二者联系紧密。朱霁、廖加林（2020）认为共享发展理念是在共同富裕的基础上提出的，既是对共同富裕目标的坚持，也是对共同富裕原则的丰富[3]。王生升（2021）[4]、王立胜（2021）[5] 等学者指出共同富裕是目标，共享发展则是实现这一目标的理念指引。郭瑞萍（2021）[6]、吕炜（2022）[7] 等学者指出，党中央对于共同富裕内涵的认识已逐渐发生转变，如今，共同富裕已从单一的物质性富裕转向了"五位一体"的全面富裕。这表明共同富裕与共享发展所包含的内容都强调了"全面"。由此可以看出，共享发展与共同富裕虽提法不同，但本质上体现的都是中国共产党所领导下的社会主义经济发展的根本目标。

除此之外，部分学者还会将我国社会主义制度下提出的共享发展与资本主义的高福利社会相比较，以突出我国特定环境下的共享发展所具有的特殊含义和优越性（李军鹏，2021[8]；吴文新、程恩富，2021[9]）。

---

[1] 赵满华. 共享发展的科学内涵及实现机制研究 [J]. 经济问题, 2016（3）: 7 – 13, 66.
[2] 王大树. 财税政策与共享发展 [J]. 北京大学学报（哲学社会科学版）, 2016（2）: 28 – 31.
[3] 朱霁, 廖加林. 论共享发展理念对共同富裕原则的坚持和发展 [J]. 广西社会科学, 2020（11）: 26 – 30.
[4] 王生升. 在共享发展中正确处理促进共同富裕的三重关系 [J]. 思想理论导刊, 2021（11）: 13 – 18.
[5] 王立胜. 以共享发展促共同富裕：理念、挑战与路径 [J]. 当代世界与社会主义, 2021（6）: 61 – 67.
[6] 郭瑞萍. 论中国共产党共同富裕思想的百年演变 [J]. 陕西师范大学学报（哲学社会科学版）, 2021（6）: 26 – 34.
[7] 吕炜. 财政与共同富裕：实践历程、逻辑归结与改革路径 [J]. 财政研究, 2022（1）: 12 – 17.
[8] 李军鹏. 共同富裕：概念辨析、百年探索与现代化目标 [J]. 改革, 2021（10）: 12 – 21.
[9] 吴文新, 程恩富. 新时代的共同富裕：实现的前提与四维逻辑 [J]. 上海经济研究, 2021（11）: 5 – 19.

1.2.1.2 共享发展的价值性研究

共享发展的提出是对马克思主义原理的继承和创新,更是顺应我国经济社会发展规律性认识的实践指南,具有深刻的理论价值和实践意义。

首先,共享发展的理论价值性研究。各位学者普遍认为共享发展理念与马克思主义经典发展理论一脉相承,是中国特色社会主义不断探索与深化发展的理论创新成果,并在此基础上谈及共享发展的理论价值。韩振峰(2016)指出共享发展作为一种发展观的创新,是对科学发展观的继承与深化[①]。唐睿(2021)提到共享发展理念是对马克思主义的丰富与发展,直击我国当前社会发展中的矛盾,并为构建人类命运共同体提供了新思路[②]。张秀荣(2021)指出共享作为中国特色社会主义发展的出发点和落脚点,充分反映了社会主义的价值追求与当代中国发展的现实国情的有机结合[③]。余玉湖、陆珊珊(2022)认为共享发展作为新时代下的新发展理念,对于生产力水平的继续提升、社会主义优越制度的体现,以及中华民族的伟大复兴和人民美好生活的实现都有着重要的理论指导和价值导向[④]。

其次,共享发展的实践意义研究。学者们分别从政治、经济、社会等领域阐明了共享发展的现实价值。其一,政治领域。共享发展为坚定社会主义基本制度、坚持中国共产党的领导打下了坚实的思想基础(叶南客,2016[⑤])。刘旭雯(2022)认为推进共享发展,实现共同富裕是关系到党执政之基的重大问题。只有确保所有创造者都能成为社会发展成果的享有者,才能让人民群众切实感受到自己当家作主的权利,进而增强对党执政的信心[⑥]。其二,经济领域。共享发展对于解决经济发展中的种种问题有着重要的作用,美国经济学教授马丁·威茨曼率先提出"分享经济",并指出资本主义经济中所出现

---

① 韩振峰. 五大发展理念是中国共产党发展理论的重大升华[J]. 思想理论教育导刊, 2016 (1): 67-70.
② 唐睿. 习近平共享发展理念的理论渊源、科学内涵与时代价值[J]. 汉江师范学院学报, 2021 (2): 73-77.
③ 张秀荣. 论共享发展的鲜明特征[J]. 中国高校社会科学, 2021 (1): 107-113, 160.
④ 余玉湖, 陆珊珊. 马克思的共享思想及其时代价值[J]. 重庆理工大学学报(社会科学), 2022 (4): 30-40.
⑤ 叶南客. 共享发展理念的时代创新与终极价值[J]. 南京社会科学, 2016 (1): 4-7.
⑥ 刘旭雯. 新时代共同富裕的科学意蕴[J]. 北京工业大学学报(社会科学版), 2022 (3): 1-11.

的"滞胀"问题主要源自工资结构的不合理,在分享制度下,事先由分享率决定企业的利益多少划归工人,多少属于资本家,使得资本家对于劳动力始终处于需求状态,由此便能从根本上解决宏观经济中的"滞胀"问题①。史琳琰、胡怀国(2021)指出我国经济已经由高速增长转向高质量发展阶段,并通过研究发现共享发展水平的提升能够对经济发展质量产生较为明显的积极影响。由此,可形成共享发展和经济高质量发展的良性互动②。其三,社会领域。学者们普遍认为共享发展的社会价值主要体现在,该理念的提出是对社会生产、分配等活动中公平的维护,有利于推进社会正义的实现(张贤明、邵薪运,2011③;宁宇涵、朱宗友,2020④)。其四,个人发展领域。经济学家阿玛蒂亚·森提到社会发展的本质既是以实现人的主体性自由为目的,又是以自由为条件,因此,创造更为平等的权利,实现社会共享是促进人自由发展的重要形式⑤。还有学者,如刘旭雯(2021)认为共享发展的提出、共同富裕的实践凝结了中国智慧,对全世界减贫事业的推进和世界社会主义事业的发展都具有重大的实践价值⑥。

1.2.2 共享发展实践的相关研究

近年来,随着共享发展逐渐从"目标层"转向了"实践层",不少学者也将研究的目光从理论层面聚集到了共享发展的现实描述和实现路径等实践层面。

1.2.2.1 共享发展状况的现实描述

对于共享发展状况的现实描述,一方面,国内外学者通过集中于某一视

---

① Martin L. Weitzman. The Share Economy: Conquering Stagflation [M]. Cambridge, MA: Harvard University Press, 1984.
② 史琳琰,胡怀国. 高质量发展与居民共享发展成果研究 [J]. 经济与管理, 2021 (5): 1-9.
③ 张贤明,邵薪运. 共享与正义:论有尊严地共享改革发展成果 [J]. 吉林大学社会科学学报, 2011 (1): 42-48.
④ 宁宇涵,朱宗友. 新时代共享发展理念的内涵与实现 [J]. 沈阳农业大学学报(社会科学版), 2020 (4): 485-489.
⑤ 阿玛蒂亚·森. 以自由看待发展 [M]. 北京:中国人民大学出版社, 2002.
⑥ 刘旭雯. 中国共产党百年共同富裕实践的三重逻辑向度研究 [J]. 河南大学学报(社会科学版), 2021 (7): 1-8.

角侧面展开相关研究,且研究点主要包括:群体间收入、财富的分配状况,对公共服务的均等化享有程度;以及城乡间、区域间的平衡发展状况等。另一方面,通过共享发展指标体系的建立对这一议题进行评价。

(1) 集中视角探究共享发展现状

首先,就群体间的收入、财富分配状况而言,各位学者普遍认为不论是中国还是其他国家和地区,居民间远未达到共享状态。如 Saez and Zucman (2016) 结合美国家庭资产负债表和所得税纳税申报表的数据发现,20 世纪 70 年代后,美国的财富集中度上升明显,前 1% 的家庭已在 2012 年集中了美国 42% 的财富,前 0.1% 的家庭财富份额于 2012 年达到了 22% 的水平[1]。Piketty et al. (2019) 以我国国民收入与财富 1978—2015 年的分布演化过程为研究对象,发现我国国民财富在迅速积累的同时也伴随着不平等、非共享的加剧,前 10% 的居民拥有 41% 的收入份额,而后 50% 的居民收入份额不断下降,由 27% 降至 15%[2]。Kuhn et al. (2020) 则建立了一个包含更为广泛的长期数据集,并将所有来源的收入、资产和负债统统纳入其中,以更好地观察收入和财富的长期演变过程,由此同样发现 20 世纪 70 年代后美国收入和财富的不平等程度加深[3]。解垩、宋颜群 (2022) 根据中国国家统计局数据认为我国近年来的基尼系数高于 0.4 的国际警戒线,且呈上升趋势,表明我国国民间的收入不平等现象必须得到高度重视[4]。

其次,在公共服务均等化的享受程度研究方面,各位学者通过测算与研究发现,公共服务的差异化、非共享性状态同样是各国普遍存在的现象。如 Boyle and Jacobs (1982) 认为美国城市内部不同群体、不同社区的居民拥有非均等化的公共服务[5]。Oates (1999) 则通过俱乐部产品理论说明了公共服务的非共享性。由于大部分的公共服务,如教育、医疗等几乎不同时具备非

---

[1] Saez, E., Zucman, G. Wealth Inequality in the United States since 1913: Evidence from Capitalized Income Tax Data [J]. The Quarterly Journal of Economics, 2016, 131 (2): 519–578.

[2] Piketty T., Y. Li, G. Zucman. Capital Accumulation, Private Property, and Rising Inequality in China, 1978–2015 [J]. American Economic Review, 2019, 109 (7): 2469–2496.

[3] Kuhn, M., Schularick, M., U. I. Steins. Income and Wealth Inequality in America, 1949–2016 [J]. Journal of Political Economy, 2020, 128 (9): 3469–3519.

[4] 解垩,宋颜群. 税收、转移支付与顶层收入不平等 [J]. 河海大学学报(哲学社会科学版),2022 (4): 47–65.

[5] J Boyle, D. Jacobs. The Intracity Distribution of services: A Multivariate Analysis [J]. Public Administration Science Review, 1982, 76 (2): 371–379.

竞争性和非排他性的特点，因此都只能属于准公共品。这类公共服务或是存在俱乐部成员与非成员间的差异，或是存在俱乐部成员之间由于拥挤性造成的差异①。马海涛等（2011）认为我国基本公共服务因社会、经济等问题同样存在不均等的现象②。孙德超、毛素杰（2012）在比较了中国农民工和城镇职工享有的子女义务教育、社会保障等几个方面的基本公共服务水平后，认为农民工群体相较于城镇职工群体而言所获得的基本公共服务水平明显偏低③。佟大建等（2022）也通过对中国4座城市的25个区、县农民工市民化水平的测度发现，不同维度的农民工在基本公共服务享有方面的水平存在不均衡④。

再次，对于城乡间的共享性研究一直备受各位学者的关注。马克思、恩格斯提出城乡关系是由"同一到对立再到融合"的过程，且只有进入发达的社会主义时期才能实现城乡融合⑤。伯克（1990）指出城市社会和农村社会、工业部门与农业部门在现代社会中存在巨大的差别，这些差别对城乡间、部门间资源配置的影响最终导致了人与人之间效用函数、行为准则等方面的巨大差别⑥。国内学者则更为具体地测算了我国城乡居民收入、消费等方面的现实差距，如孙巍、夏海利（2022）对我国城乡居民1985—2019年的收入和消费状况加以测算，结果表明：城镇居民不论是收入能力还是消费水平都远远高于农村居民，其中，收入能力达到农村居民的2.5—3倍，消费水平也超出农村居民的2倍以上⑦。沈琼、程川（2022）也测算得出，2021年城镇居民收入为农村居民收入的2.56倍，这一比值超出了合理收入比（1.5）⑧。

---

① Wallace E. Oates. An essay on fiscal federalism [J]. Journal of Economic Literature，1999，37（3）：1120 - 1149.

② 马海涛，姜爱华，程岚，赵国春. 中国基本公共服务均等化问题研究 [M]. 北京：经济科学出版社，2011.

③ 孙德超，毛素杰. 农民工群体享有基本公共服务的现状及改进途径 [J]. 吉林大学社会科学学报，2012（3）：153 - 158.

④ 佟大建，金玉婷，宋亮. 农民工市民化：测度、现状与提升路径——基本公共服务均等化视角 [J]. 经济学家，2022（4）：118 - 128.

⑤ 马克思恩格斯全集 [M]. 北京：人民出版社，1995.

⑥ Michael E. Porter. The Competitive Advantage of Nations [M]. Basingstoke：Macmillan，1990.

⑦ 孙巍，夏海利. 城乡收入分布与经济结构转型 [J]. 吉林大学社会科学学报，2022（5）：84 - 100，237.

⑧ 沈琼，程川. 父辈社会地位对城乡居民收入差距的影响研究 [J]. 西南大学学报（自然科学版），2022（10）：1 - 10.

从上述理论及研究成果可以看出,城乡二元化并非我国特有的经济结构,但随着我国的发展,城乡二元化已成为实现共享发展道路上必须解决的关键问题。

最后,从区域平衡发展角度,各位学者的研究成果争议颇大。以我国为例,部分学者研究认为我国的区域发展呈发散式趋势,如 Lyons(1991)研究发现,20 世纪 80 年代后,我国城乡间、地区间的差距呈上升态势[①]。李斌、陈开军(2007)通过变异系数法研究了我国 1981—2003 年的区域发展态势,并得出结论:我国各区域在此期间的发展差异呈先缩小后扩大的趋势[②]。贺雪峰(2022)指出,2021 年东部五省三市虽只占国土面积的 5%,但拥有全国近 1/3 的人口量,且对全国 GDP 的贡献也达到了 1/2。表明东部沿海地区的发展远超其他地区[③]。以上研究结果显示出我国当前各地区还远未达到共享发展的目标。然而,也有部分学者实证发现我国区域发展差异近年来存在收敛(陆铭、向宽虎,2014[④];陈丰龙等,2018[⑤])。

(2)全方面探究共享发展现状

随着对共享发展认识的深入,以及对相关指标体系建立的不断完善,越来越多的学者通过不同测评指标的构建和不同测算方法的选定,对我国共享发展现状这一议题展开测算。首先,就共享发展评价指标的构建而言,虽有学者采用单一指标(郑瑞坤、向书坚,2018[⑥])或双向指标(万海远、陈基平,2021[⑦])以评价我国共享发展状况,但多数学者还是通过构建多维度的指标体系以衡量我国共享发展水平,且指标的选取虽有所不同,但出发点往

---

① Lyons Thomas, P. Inter‐provincial disparities in China: output and consumption, 1952‐1987 [J]. Economic Development and Cultural Change, 1991(4):471‐505.
② 李斌,陈开军. 对外贸易与地区经济差距变动 [J]. 世界经济, 2007(5):25‐32.
③ 贺雪峰. 区域差异与中国城市化的未来 [J]. 北京工业大学学报(社会科学版),2022(5):67‐74.
④ 陆铭,向宽虎. 破解效率与平衡的冲突——论中国的区域发展战略 [J]. 经济社会体制比较, 2014(4):1‐16.
⑤ 陈丰龙,王美昌,徐康宁. 中国区域经济协调发展的演变特征:空间收敛的视角 [J]. 财贸经济, 2018(7):128‐143.
⑥ 郑瑞坤,向书坚. 城乡居民共享改革发展成果的一种测度方法及应用 [J]. 财贸研究, 2018(4):15‐25.
⑦ 万海远,陈基平. 共享发展的全球比较与共同富裕的中国路径 [J]. 财政研究, 2021(9):14‐29.

往都是围绕着共享发展的核心内涵（高质量发展课题组，2020①）和"以人民为中心"的价值取向（张琦等，2017②）展开的。其中，清华大学的许宪春团队在此方面展开了较为丰富的研究，并立足于我国当今社会的主要矛盾，从其内涵出发建立了包含经济发展、社会进步、生态环境、民生福祉四个方面的中国平衡发展指数指标体系，对我国平衡发展、共享成果的状况进行评价③。其次，就共享发展评价方法的选定而言，王蕾等（2012）采用网络层次分析法对我国城乡共享发展水平现状加以测算④。李晖、李詹（2017）采取德尔菲法测算我国省际共享发展程度⑤。万海远、陈基平（2021）则通过几何平均的组合方式测算了162个国家和地区的共享发展评价指数⑥。此外，更多的相关研究文献还是集中于以熵值法为主测算我国共享发展水平（郝云平、雷汉云，2019⑦；郭健等，2022⑧）。

通过共享发展评价指标的建立和方法的选定，各位学者就我国当前共享发展水平得出了较为一致的结论。其一，在党中央和各级政府的日益关注下，随着各项相关政策的制定和落实，我国共享发展水平有所提升，且发展态势良好。阮敬、刘雅楠（2019）分别对我国各省级地区2005年、2010年和2015年发展成果共享水平加以测度，结果表明：我国整体发展水平和大部分省份的发展成果都保持着小幅稳步提升的良好态势⑨。乔俊峰、张春雷（2019）采用2004—2015年省级面板数据，构建并测度了我国30个省份的共享发展指数，研究发现：虽然我国当前东部发达地区的共享发展指数还保持

---

① 高质量发展研究课题组. 中国经济共享发展评价指数研究［J］. 行政管理改革，2020（7）：14-26.
② 张琦. 中国共享发展研究报告（2016）［M］. 北京：经济科学出版社，2017.
③ 许宪春，郑正喜，张钟文. 中国平衡发展状况及对策研究——基于"清华大学中国平衡发展指数"的综合分析［J］. 管理世界，2019（5）：15-28.
④ 王蕾，李红玉，魏后凯. 城乡共享发展评价体系的构建与评价［J］. 经济纵横，2012（7）：56-59.
⑤ 李晖，李詹. 省际共享发展评价体系研究［J］. 求索，2017（12）：87-95.
⑥ 万海远，陈基平. 共享发展的全球比较与共同富裕的中国路径［J］. 财政研究，2021（9）：14-29.
⑦ 郝云平，雷汉云. 新时代我国共享发展水平的测度与评价研究［J］. 经济视角，2019（1）：40-49.
⑧ 郭健，谷兰娟，王超. 税制结构与共同富裕——兼论经济发展水平的门槛效应［J］. 宏观经济研究，2022（4）：64-80，129.
⑨ 阮敬，刘雅楠. 共享理念视角下发展成果测度及其动因分析［J］. 统计与信息论坛，2019（7）：35-43.

遥遥领先的水平,但中西部地区也处在不断追赶的状态中,各地区间的共享发展指数差距在逐渐缩小①。其二,我国当前依然处于共享失衡的状况,且这一失衡状况还应成为我国今后相当一段时期内需着力解决的问题。安秀梅等(2018)收集了我国2010—2016年省级面板数据,分别从机会共享和成果共享两个角度测度了各地区共享发展指数,并得出研究结论:我国当前还未达到共享发展状态,发展的不平衡和不充分问题依然凸显②。范建平等(2021)则从创造经济和共享经济两个层面对我国2013—2017年省际共享效率加以分析,度量结果表明:虽然我国各地区在经济创造阶段都保持着较高效率,但存在较大差别,同时,在共享经济层面,各地区明显还处在较低水平③。

1.2.2.2 共享发展实践阻碍的研究

共享发展目标的实现绝非一蹴而就,而是需要在长期规划和改善中逐步迈进,在此进程中,还需将共享发展所面临的种种阻碍梳理清晰,以便一一克服。

对于共享发展目标的达成所要面对的挑战,各位研究者主要从以下几个方面提出相应的观点。一是城乡"二元"发展结构致使城乡共享发展目标难以实现。正如叶兴庆(2016)指出的,既存的城乡二元化结构使得农村工作成为共享发展目标推进中的核心任务④。二是城镇化进程下,失地农民无法和城市居民在就业、教育、医疗等方面享有同等待遇将成为共享发展推进中的羁绊。邵彦敏、陈肖舒(2017)认为,失地农民的现实情况显然违背了共享发展理念,这一现实困境将是共享发展的主要阻碍⑤。三是收入差距始终过大,且会通过隔代遗赠、代际传递、财富积累等方式使得既存利益划分格局难以打破。如 Gale and Scholz(1994)在早年就通过研究发现隔代遗赠达

---

① 乔俊峰,张春雷. 转移支付、政府偏好和共享发展——基于中国省级面板数据的分析[J]. 云南财经大学学报,2019(1):15-28.
② 安秀梅,李丽珍,王东红. 财政分权、官员晋升激励与区域共享发展[J]. 经济与管理评论,2018(4):27-39.
③ 范建平,郭子微,吴美琴. 区域共享发展水平测度与分析[J]. 统计与决策,2021(10):101-105.
④ 叶兴庆. 践行共享发展理念的重点难点在农村[J]. 中国农村经济,2016(10):14-18.
⑤ 邵彦敏,陈肖舒. 共享发展与失地农民社会保障[J]. 学习与探索,2017(2):64-69.

到总财富的50%—60%①。如此大的隔代遗赠成为影响财富不平等的重大因素。斯蒂格利茨（2013）则将这种由于代际传递造成的收入、机会等方面不公平的动态过程视为"恶性循环"②。沈琼、程川（2022）利用中国综合社会调查2011—2017年的数据考察父辈的社会地位是否会对城乡收入差距产生影响，结果表明这种代际不公平确实加剧了收入不公平的程度③。也有学者提出高财富拥有者会通过投资等方式获取高的投资回报，这种长期回报上的异质性是形成最富有人群财富份额的主要因素（Gabaix et al.，2016④；Benhabib et al.，2019⑤）。这种既定利益的存在成为阻碍共享发展实现的又一大难题。潘峰（2016）表示要实现共享发展，就要从根本上打破已固化的利益格局，将利益在不同群体间重新调整，但在此过程中，利益受损一方必然会有所阻挠⑥。王立胜（2021）也认为在推进共享发展，实现共同富裕的道路上，收入差距过大，利益分配不公平、不合理将是一个重大挑战⑦。四是当前制度上的不健全导致共享发展在推进中缺乏保障。如李玲（2015）指出，公共政策未向社会贫困群体倾斜是引起当前社会严重分化的主要症结⑧。

1.2.2.3 共享发展实现路径与机制的研究

共享理念实质就是坚持以人民为中心的发展思想，体现的是逐步实现共同富裕的要求（习近平，2017⑨），由此可见，共享发展与共同富裕所要解决的问题高度一致，因此不论是推进共享发展，还是实现共同富裕所采取的手

---

① William G. Gale, Scholz, J. K. Intergenerational transfers and the accumulation of wealth [J]. The Journal of Economic Perspectives, 1994, 8 (4): 145 – 160.
② 约瑟夫 E·斯蒂格利茨. 不平等的代价 [M]. 张子源译. 北京：机械工业出版社, 2013.
③ 沈琼, 程川. 父辈社会地位对城乡居民收入差距的影响研究 [J]. 西南大学学报（自然科学版），2022（10）：1 – 10.
④ Gabaix, X., J. M. Lasry, P. L. Lions, B. Moll. The Dynamics of Inequality [J]. Econometrica, 2016, 84 (6): 2071 – 2111.
⑤ Benhabib, J., A. Bisin, M. Luo. Wealth Distribution and Social Mobility in the US: A Quantitative Approach [J]. American Economic Review, 2019, 109 (5): 1623 – 1647.
⑥ 潘峰. 目标新内涵 发展新理念 行动新举措——党的"十三五"规划建议的创新亮点 [J]. 理论探索，2016（1）：5 – 13.
⑦ 王立胜. 以共享发展促共同富裕：理念、挑战与路径 [J]. 当代世界与社会主义，2021（6）：61 – 67.
⑧ 李玲. 当前中国调节收入分配差距的公共政策：存在的问题与完善路径——基于公共性的分析视角 [J]. 社会主义研究，2015（2）：85 – 91.
⑨ 习近平谈治国理政，第2卷 [M]. 北京：外文出版社，2017.

段、措施都有着共同的目标导向,故本书在此不对两者加以区分。从当前的研究文献来看,研究者们普遍认为共享发展的实现取决于公平正义的制度支撑与政策机制的完善,与此同时,保持经济持续稳定增长为共享发展提供了坚实的基础。

首先,要不断做大做优经济这块"蛋糕",使之成为共享发展的坚实基础和物质保障。于成文(2021)提出总量做大和个量公平是共同富裕推进中的两个必要条件。其中,总量做大,即要实现全社会财富的丰裕充实;个量公平,即要保障个体普遍实现较高收入,每个社会成员都能拥有较多财富。因此,实现共同富裕的前提是要不断增加社会总量,在此基础上才会进一步涉及收入分配问题①。万海远、陈基平(2021)也认为共享发展应包括发展和共享两大方面,即总体富裕和共享富裕,且两者之间为不完全替代关系,说明一味以牺牲收入增长为代价换取收入差距的缩小可能是得不偿失的②。

其次,建立完善的社会制度是关键。一是必须坚持社会主义公有制。一方面,推进共享发展,实现共同富裕是社会主义的本质要求;另一方面,社会主义基本制度是实现共享共富的根基(张占斌、吴正海,2022③)。高海波(2022)指出资本主义社会由于无法从根本上破除悖论性贫困难题,因此,要消除资本主义悖论性贫困的根本路径就是建立社会主义制度,将以资本为中心的发展方式过渡到以人民为中心的发展模式。通过社会主义公有制和按劳分配让广大劳动人民摆脱穷困,为实现物质财富增加与共享提供了可能④。二是必须加快改革社会管理制度。其中,最为诟病的当属城乡二元化管理体制、户籍制度等,这些管理制度上的种种弊端所造成的起点不公平和机会不平等会不断拉大群体间的差距(刘尚希,2021⑤)。刘培林等(2021)表明要完善实现共同富裕的制度保障,其中,为促进人口的自由流动,还需从根本上彻底破除城乡二元化管理体制,改善户口登记制度,让户口登记制成为一种信息登记工具,而非是限制人口自由迁徙的枷锁。从而,让人民群众能够

---

① 于成文. 坚持"质""量"协调发展 扎实推动共同富裕[J]. 探索, 2021(6): 31-47.
② 万海远, 陈基平. 共同富裕的理论内涵与量化方法[J]. 财贸经济, 2021(12): 18-33.
③ 张占斌, 吴正海. 共同富裕的发展逻辑、科学内涵与实践进路[J]. 新疆师范大学学报(哲学社会科学版), 2022(1): 39-48, 2.
④ 高海波. 消除贫困和促进共同富裕的中国智慧——基于《资本论》反贫困理论的经济哲学解读[J]. 大连理工大学学报(社会科学版), 2022(1): 1-8.
⑤ 刘尚希. 论促进共同富裕的社会体制基础[J]. 行政管理改革, 2021(12): 4-8.

在不同地域灵活选择就业，平等享有所在地区的各项基本公共服务①。

最后，要综合利用财政、税收、转移支付、金融等工具，完善有利于促进共享发展得以实现的收入分配、基本公共服务均等化等政策体系。美国经济学家马丁·威茨曼在1984年提出分享经济，并主张用分享制度代替工资制度以解决资本主义国家普遍出现的"滞胀"问题时，进一步提到要通过政府政策的制定去推行分享制度，相关政策包括：将股票公开交易的私人公司雇员的工资分为工资收入和分享收入，并从税收上对这两种收入区别对待；利用税收优惠保证分享制扩大就业的作用等②。法国学者弗朗索瓦·佩鲁（1987）提出可通过收入分配机制的完善、社会保障体系的建设等手段将经济增长过程中的成果普惠给全体人民③。马理等（2018）通过对我国胡焕庸两侧城市（以人口密度为划分标准）的发展差异展开分析，认为要破除"胡焕庸线"魔咒，促进我国地区平衡发展，早日实现共同富裕，还需加大财政政策的实施力度，包括：增加对落后地区的金融和财政支持，提高对落后地区的财政投入，改善当地公共服务条件等④。杨灿明（2021）也强调公共基础设施建设和基本社会保障体系等公共服务的完善对贫困地区脱贫和走向共同富裕发挥了关键性作用⑤。张来明、李建伟（2021）更是从各个层面谈及了促进共享发展、实现共同富裕的重大举措，包括：通过政策倾斜带动地区发展、乡村建设；加大转移支付、税收等调节力度，缩小分配差距；完善就业、教育、医疗卫生、社会保障、住房保障等服务体系建设；加强社会主义精神文明建设，厚植共同富裕理念等⑥。这些举措的实施必然需要相应政策的制定与修订，以为其顺利落实保驾护航。詹静楠、吕冰洋（2022）认为还需要对共同富裕的"共同"多加关注，即如何促进分配的公平正义，在此过程中，税收、社会保障、基本公共服务均等化等举措都将发挥重要作用⑦。

---

① 刘培林，钱滔，黄先海，董雪兵. 共同富裕的内涵、实现路径与测度方法［J］. 管理世界，2021（8）：117-127.
② Martin L. Weitzman. The Share Economy: Conquering Stagflation［M］. Cambridge, MA: Harvard University Press, 1984.
③ 弗朗索瓦·佩鲁. 新发展观［M］. 北京：华夏出版社，1987.
④ 马理，黎妮，马欣怡. 破解胡焕庸线魔咒实现共同富裕［J］. 财政研究，2018（9）：48-64.
⑤ 杨灿明. 中国战胜农村贫困的百年实践探索与理论创新［J］. 管理世界，2021（11）：1-14.
⑥ 张来明，李建伟. 促进共同富裕的内涵、战略目标与政策措施［J］. 改革，2021（9）：16-33.
⑦ 詹静楠，吕冰洋. 财政与共同富裕财政与共同富裕——多维分配视角下的分析［J］. 财政研究，2022（1）：47-59.

随着数字化时代的发展,也有不少学者提出通过技术水平的提升,完善数字化经济的建设,并与金融有效结合,推行普惠性金融服务,有利于减缓居民间、城乡间的收入、消费不平衡。如 Martinez and Garcia(2018)①、Omar and Inaba(2020)② 等学者认为普惠性金融服务的发展对于降低地区贫困、缓解居民间的收入不平等等问题能够发挥显著作用,且低收入的家庭能够从中获取较大益处。斯丽娟、汤晓晓(2022)则通过 Kakwani 指数和双向固定效应模型验证了这一结论,即发展数字普惠金融有利于缓解部分居民的信贷约束,提升其对网络信息的获取能力,从而有助于改善农户收入的不平等状况③。

除此之外,由于共享发展涉及国家整体层面,关系到党在经济、文化、生态等领域的治理能力,故也有学者提出从国家和社会治理的角度实现共享发展这一目标。衡霞、谭振宇(2019)提出,"发展为了人民、发展依靠人民、发展成果由人民共享"已成为党的十八大以来国家治理的核心理念,故要重构共建、共治、共享的社会保障格局,在此过程中,以人民为中心的公共价值治理框架的构建需要强有力的制度支撑④。谢华育、孙小雁(2021)从相对贫困治理的角度看待共同富裕,并指出对于相对贫困的改善,必须站在国家治理的高度,以发挥其在各个领域的治理优势,如此必将推动全体人民达到共同富裕⑤。

综上所述,在推进共享发展的实现道路上,虽不能操之过急,但也要积极有为,综合利用政策安排和制度保障以逐步提升共享发展水平。

1.2.3 实施减税与推进共享发展的相关研究

从目前的文献梳理中可发现,在对促进共享发展的政策工具研究中,税收工具的分配调节作用多次被提及,且不论支出环节还是收入环节,不论收

---

① Martinez Turegano, D., A. Garcia Herrero. Financial Inclusion, Rather Than Size, Is the key to Tackling Income Inequali [J]. The Singapore Economic Review, 2018, 63(1): 167-184.
② Omar, M. A., K. Inaba. Does Financial Inclusion Reduce Poverty and Income Inequality in Developing Countries? A Panel Data Analysis [J]. Journal of Economic Structures, 2020, 9(1): 1-25.
③ 斯丽娟,汤晓晓. 数字普惠金融对农户收入不平等的影响研究——基于 CFPS 数据的实证分析 [J]. 经济评论, 2022(5): 100-116.
④ 衡霞,谭振宇. 共建共治共享视角下以人民为中心的公共价值治理框架构建 [J]. 财政研究, 2019(7): 117-125.
⑤ 谢华育,孙小雁. 共同富裕、相对贫困攻坚与国家治理现代化 [J]. 上海经济研究, 2021(11): 20-26.

入流量还是财富存量，税收都能发挥调节作用（李华，2019[①]）。黄凤羽、李洁（2021）认为我国当前税制结构与高质量发展目标不符，并表示通过提高直接税比重，降低间接税比重，一方面，可提高要素配置效率，助力经济增长方式转变；另一方面，有助于调节居民间收入财富差距，维护社会和谐[②]。李海舰、杜爽（2021）认为要在高质量发展中实现共同富裕，还需完善分配体系，其中，再分配是关键，而税收调节是必不可少的手段之一[③]。余森杰、曹建（2022）同样提到分配调解机制是促进共同富裕的重要手段。其中，再分配要发挥政府职能，而税收将起到调节财富的重要作用[④]。

进一步到减税层面，实际上，我国经济已步入新阶段，经济发展正处于从"量"向"质"转型的关键时刻，减税一直是党中央和各级政府所采取的主要财税工具之一。通过减税政策的大力实施，我国基本上做到了让所有行业或绝大部分企业的税负只减不增，然而，这种持续性的大规模减税是否对我国的产出、投资、就业等方面起到明显的改善作用，为共享发展的推进源源不断地提供物质保障？与此同时，减税政策的实施是否有助于将经济发展成果惠及全体人民，以促进共享发展水平的日益提升？此类问题的研究成果也较为丰富。

首先，减税对于一国宏观经济持续稳定增长所产生的积极影响，已在众多研究者的理论验证下得到了证实，并被众多经济学派所认可（Rebelo，1991[⑤]）。Baxter and King（1993）通过运用实际经济周期模型说明了减税对于经济增长的促进作用，同时发现，相较于短期、暂时性的减税手段，长期减税政策的安排效果更好[⑥]。Mckay and Reis（2016）也通过理论模型对税收的宏观经济效应进行了研究，并验证了在宏观经济波动中税收调控所产生的自动稳定效果[⑦]。

[①] 李华. 高质量发展目标下税收体系构建与减税降费再推进［J］. 税务研究，2019（5）：25-29.

[②] 黄凤羽，李洁. "十四五"时期经济高质量发展与税制结构优化［J］. 税务研究，2021（9）：11-17.

[③] 李海舰，杜爽. 推进共同富裕若干问题探析［J］. 改革，2021（12）：1-15.

[④] 余森杰，曹健. 新发展格局中的共同富裕［J］. 新疆师范大学学报（哲学社会科学版），2022（1）：59-68，2.

[⑤] Rebelo S. Long-Run Policy Analysis and Long-Run Growth［J］. Journal of Political Economy，1991，99（3）：500-521.

[⑥] Baxter M, Robert G. K. Fiscal Policy in General Equilibrium［J］. American Economic Review，1993，83（3）：315-334.

[⑦] Mckay A, Reis R. The Role of Automatic Stabilizers in the U.S. Business Cycle［J］. Econometrical，2016，84（1）：141-194.

在此期间，减税对于经济增长的实际刺激效果也成为不少学者的研究关注点。如 Ramey（2011）在对美国实行的减税政策效果实证研究中发现，减税的乘数效应在 0.6 和 1.2 之间浮动①。刘磊、张永强（2019）运用 CGE 模型分析了增值税减税对我国宏观经济的实际影响，发现增值税税率的下调会带动经济增长 0.1689%②。汪川、姚秋歌（2021）同样运用实证模型对我国的减税政策效果加以模拟，发现减税有助于减缓经济运行中的波动，并能有效带动经济增长，该作用的发挥主要通过提振居民消费和激励企业投资，与此同时，相比于间接税，直接税的减税效果更为明显③。对于减税政策在宏观经济具体要素的影响方面，不少学者表示减税会对投资存在刺激作用（Cullen and Gordon，2007④；Sarkar，2012⑤）。如 Da Rin et al. (2006) 指出欧洲国家通过降低资本利得税率促进了风险投资募集新基金并扩大投资规模⑥。马海涛、朱梦珂（2021）基于实证检验发现，无论是增值税还是企业所得税，其有效税率的降低都会促进企业固定资产投资，然而，增值税的促进作用存在一定的外部条件⑦。申广军等（2016）研究发现减税会对就业存在推动作用⑧。从中外学者研究成果来看，减税会对经济产出产生促进效应（Nakada，2010⑨；Best et al.，2015⑩），同时

---

① Ramey V. A. Can Government Purchases Stimulate the economy [J]. Journal of Economic Literature, 2011, 49 (3): 673 – 685.

② 刘磊, 张永强. 增值税减税政策对宏观经济的影响——基于可计算一般均衡模型的分析 [J]. 财政研究, 2019 (8): 99 – 110.

③ 汪川, 姚秋歌. 后危机时代中国减税政策的宏观影响和政策效应评估——基于动态随机一般均衡模型的分析 [J]. 当代经济研究, 2021 (2): 96 – 104.

④ Cullen, J. B., Gordon, R. H. Taxesand Entrepreneurial Risk – taking: Theory and Evidence for the U. S [J]. Journal of Public Economics, 2007, 91 (7 – 8): 1479 – 1505.

⑤ Sarkar S. Attracting Private Investment: Tax Reduction, Investment Subsidy, or Both? [J]. Economic Modeling, 2012, 29 (5): 1780 – 1785.

⑥ Da Rin, M., Nicodano, G., Sembenelli, A. Public Policy and the Creation of Active Venture Capital Markets [J]. Journal of Public Economics, 2006, 90 (8 – 9): 1699 – 1723.

⑦ 马海涛, 朱梦珂. 税收负担对企业固定资产投资的影响——基于税种差异视角的研究 [J]. 经济理论与经济管理, 2021 (11): 4 – 22.

⑧ 申广军, 陈斌开, 杨汝岱. 减税能否提振中国经济？——基于中国增值税改革的实证研究 [J]. 经济研究, 2016 (11): 70 – 82.

⑨ Nakada M. Environmental Tax Reform and Growth: Income Tax Cuts or Profits Tax Reduction [J]. Environmental and Resource Economics, 2010, 47 (4): 549 – 565.

⑩ Best M C, Brockmeyer A, Kleven H J, Spinnewijn J, Waseem M. Production Versus Revenue Efficiency with Limited Tax Capacity: Theory and Evidence from Pakistan [J]. Journal of Political Economy, 2015, 123 (6): 1311 – 1355.

会对宏观经济的稳定运行发挥重要作用。然而，也有部分学者持相反的观点，认为以减税缓解企业和个人的税收负担只能作为一项短期政策，从长期角度则会对经济的持续稳定发展起到反作用，尤其考虑到减税下的财政压力会抑制政府支出，进而减少政府支出净收益（Du et al.，2015[①]；席鹏辉等，2017[②]）。詹新宇、苗真子（2019）进一步提出当减税导致的财政压力高于某一临界值时反而会对经济增长起到抑制作用[③]。

其次，对于减税是否有利于实现共享，目前类似的研究主要集中于减税政策对收入分配的影响，且在学界已有了丰硕的研究成果。但研究者们尚未对这一问题达成一致看法，按照减税政策是否有利于平缓收入分配差距进行划分，学界主要有以下三类观点。

部分学者认为减税政策的实施能缓解收入的不平衡（Brixi and Swift，2004[④]）。刘怡、聂海峰（2004）使用城市住户调查资料考察了中国间接税征收前后对基尼系数的影响，研究表明比重过高的间接税会恶化收入分配[⑤]。由此可知，我国近年来"营改增"、下调增值税税率等措施会减少这种收入不平等。Leyaro et al.（2010）发现对食品类税收实行减免，会让坦桑尼亚的农村贫困人群明显感受由此带来的福利水平提高[⑥]。汪昊（2016）构建了一般均衡模型以探究"营改增"下的收入分配效应，结果表明："营改增"后，平均税率的下降有力地降低了居民的税收负担，提升了居民的收入水平，与此同时，对分配差距也产生了有利的影响，不论是全国层面的基尼系数，还是城乡各自层面的基尼系数均有所下降[⑦]。申广军等（2018）以2004年我国推行的增值税转型试点为研究背景，探究企业税负在外在政策的冲击下对劳

---

① Du J, Lu Y, Tao Z. Government Expropriation and Chinese – style Firm Diversification [J]. Journal of Comparative Economics, 2015, 43 (1)：155 – 169.

② 席鹏辉, 梁若冰, 谢贞发, 苏国灿. 财政压力、产能过剩与供给侧改革 [J]. 经济研究, 2017 (9)：86 – 102.

③ 詹新宇, 苗真子. 地方财政压力的经济发展质量效应——来自中国282个地级市面板数据的经验证据 [J]. 财政研究, 2019 (6)：57 – 71.

④ Brixi, H. P., Swift, Z. L. Tax Expenditures – shedding Light on Government Spending Through the Tax System [M]. World Bank Publications, 2004.

⑤ 刘怡, 聂海峰. 间接税负担对收入分配的影响分析 [J]. 经济研究, 2004 (5)：22 – 30.

⑥ Leyaro V., Morrissey O., Owens T. Food Prices, Tax Reforms and Consumer Welfare inTanzania 1991 – 2007 [J]. International Tax and Public Finance, 2010 (17)：430 – 450.

⑦ 汪昊. "营改增"减税的收入分配效应 [J]. 财政研究, 2016 (10)：85 – 100.

动收入的影响效应，并从中发现劳动收入所占份额在该减税举措下得到了显著提高，由此表明减税对我国初次分配同样能够起到优化作用①。Gaarder（2019）以挪威增值税改革为研究对象，发现当把食品类产品由原本24%的增值税税率调减至12%，会有助于改善消费者福利上的不平等状况②。张车伟等（2020）通过编制七部门资金流量表探究了减税降费政策对于国民收入分配格局的影响，并得出结论：非金融民营企业部门收入份额有所提高，非金融国有企业部门、政府部门和金融机构收入份额有所下降，从而有助于优化部门间的国民收入分配格局③。张天姣（2021）针对我国当前持续推行的减税降费政策，认为这一举措将有助于减轻中低收入者和小微企业的税费负担，从而形成有利于实现共享发展的公平税制④。

部分学者则认为减税会加剧社会收入的不平等（Rubolino and Waldenstrm，2017⑤）。Korpi and Palme（1998）认为在对边际税率采取无差别降低措施时，高收入群体会由于可支配收入得到了更大幅度的提升而获得激励，从而更为积极地工作以获取更高的应税收入，所形成的结果便是进一步提高了高收入阶层的收入份额⑥。刘成龙、吉尔克（2017）通过建立投入产出价格模型以测算居民收入及分配差距在"营改增"前后的变化，结果表明，居民税负伴随着"营改增"的完成普遍有所下降，但在此过程中城乡居民的收入分配差距也由此扩大⑦。Suresh et al.（2018）认为减税会减少工薪收入，同时增加资本性收入，而由于资本性收入往往流向高收入者，工薪收入往往

---

① 申广军，王荣，张延. 结构性减税与劳动收入份额——兼论增值税转型的分配效应 [J]. 经济科学，2018（3）：61 - 74.

② Ingvil Gaarder. Incidence and Distributional Effects of Value Added Taxes [J]. TheEconomic Journal, 2019（2）：853 - 876.

③ 张车伟，赵文，李冰冰. 国民收入在部门间的分配及减税降费的影响——基于七部门资金流量表的测算与分析 [J]. 中国人口科学，2020（6）：16 - 28，126.

④ 张天姣. 共享发展理念下深化我国收入分配制度改革的目标与政策建议 [J]. 当代财经，2021（10）：43 - 55.

⑤ Rubolino, E., Waldenstrm, D. Tax Progressivity and Top Incomes：Evidence from Tax Reforms [Z]. Working Paper Series 1161，2017.

⑥ Korpi, W., Palme, J. The Paradox of Redistribution and Strategies of Equality：Welfare State Institutions, Inequality, and Poverty in the Western Countries [J]. American Sociological Review, 1998, 63（5）：661 - 670.

⑦ 刘成龙，吉尔克. 营改增的收入分配效应——基于投入产出价格模型的分析 [J]. 税务研究，2017（11）：46 - 51.

流向中低收入者，故减税会加剧收入分配的不公平①。刘穷志、罗婵（2019）运用 PSM – DID 方法研究了企业减税对收入不平等的影响，研究表明："营改增"过程引起的企业减税会增加原本高收入群体的资本性收入，降低中低收入群体工薪收入在总收入中的比重，从而扩大了群体间的收入不平等②。刘明慧、张慧艳（2021）③ 以及陈建东等④（2021）研究了个税专项扣除对收入分配的效应，认为虽然个税的专项扣除会有效降低居民的税收负担，但也引起了个税的平均税收降低，这在一定程度上对居民的收入形成了逆向调节。寇璇等（2021）通过测算个税转移支付体系在减少不平等中的效应及效率，发现新个税由于提高了免征额、增加了专项扣除项目，不仅减少了中等收入群体的纳税人数，还降低了高等收入群体的纳税额，从而导致个税的调节力度下降，累进性减弱，不利于缓解收入的不均等⑤。

此外，还有学者认为减税对收入的调节力度较小（万莹，2012⑥）或结果不确定（刘海波等，2019⑦）。杨沫（2019）基于 CHIPS2013 城镇居民数据分析新一轮个税改革的收入分配效应，结果表明，新一轮个税改革虽起到了减税效果，但对收入的分配调节作用并未发挥出来⑧。尹彦辉、孙祥栋（2021）研究认为减税降费对于助推经济增长效果显著，但在缓解收入不平等方面则存在效果上的差异：劳动和消费减税有助于优化收入分配格局，但资本减税反而会扩大收入不平等⑨。

---

① Suresh, N., Ethan, R., Juan, C. S. S. Do Corporate Tax Cuts Increase Income Inequality? [Z]. NBER Working Papers Series 24598, 2018.

② 刘穷志、罗婵. 企业减税是否会加剧收入不平等？——基于"营改增"准自然实验的研究 [J]. 中南财经政法大学学报，2019（5）：87 – 95.

③ 刘明慧，张慧艳. 赡养老人专项附加扣除效应测度：减税与收入分配的双重维度 [J]. 地方财政研究，2021（7）：20 – 28.

④ 陈建东，覃小棋，吴茵茵. 房贷利息及住房租金个人所得税税前扣除的效应研究 [J]. 税务研究，2021（3）：52 – 59.

⑤ 寇璇，张楠，刘蓉. 同龄收入不均等与财政再分配贡献——基于个税和转移支付的实证分析 [J]. 财贸经济，2021（8）：37 – 52.

⑥ 万莹. 我国流转税收入分配效应的实证分析 [J]. 当代财经，2012（7）：21 – 30.

⑦ 刘海波，邵飞飞，钟学超. 我国结构性减税政策及其收入分配效应——基于异质性家庭 NK – DSGE 的模拟分析 [J]. 财政研究，2019（3）：30 – 46.

⑧ 杨沫. 新一轮个税改革的减税与收入再分配效应 [J]. 经济学动态，2019（7）：37 – 49.

⑨ 尹彦辉，孙祥栋. 发展不平衡现状下减税降费的收入分配效应——基于 TANK – DSGE 模型的分析 [J]. 经济体制改革，2021（5）：120 – 128.

1.2.4 文献评述

综合现有研究文献发现,随着我国经济由高速增长阶段转向高质量发展阶段,所转变的不仅仅是经济增长速度,更是发展理念。其中,对于高质量发展下的根本目标——共享发展,学界已分别从理论和实践两个层面展开研究,并得到了丰硕的学术成果。与此同时,我国当前大力实施的减税政策对这一新发展理念所发挥的作用和影响必将成为今后的学术热点和难点问题。通过对国内外相关文献的梳理,可发现现有文献的研究内容主要体现出以下特征。

首先,就共享发展理论的相关研究来看,学界对于共享发展这一理念已从不同的视角进行了剖析,并得出了富有建树意义和思想深度的成果:其一,深化阐述了新发展理念下共享发展的核心定位。共享发展应体现经济、社会、文化、政治、生态等领域发展与共享的辩证统一,体现了全体人民的发展在权利平等、机会平等、规则平等和分配公平正义之间的辩证统一,同时还应呈现出一定的阶段性。其二,全面解析了共享发展的时代价值。共享发展是对马克思理论的继承与发展,是中国共产党领导中国发展过程中智慧的凝结,对于提高党的执政威信、助力经济顺利过渡、维护社会公平正义、促进全体人民全面发展乃至世界各国共同繁荣发挥了重要的作用。

其次,就共享发展实践的相关研究来看,相关文献已通过不同的指标体系和测度方法对我国共享发展的现实状况进行了客观分析,并从中找出问题所在。总体来看,我国共享发展水平近年来一直处于向好态势,但群体间不平等、城乡间不平衡、地区间不协调等问题依然凸显。其中,社会管理制度的不完善、利益分配机制的不合理等已成为阻碍共享发展推进中的症结所在。因此,各位学者普遍认为践行共享发展理念离不开特定的制度安排和具体的政策支持,同时,作为宏大的社会顶层设计,还需从国家治理的角度去促使各级政府积极作为。

最后,就减税政策与共享发展理念的相关性研究而言,目前还鲜有文献将减税政策直接与共享发展理念加以联系并作为研究对象,相关文献主要集中探讨了减税政策对于收入分配的影响效应,且研究成果也因采用的方法不同、选取的对象不同等而存有不同。

综合上述研究成果可以看出，相关研究领域已得到了学术界的认可和关注，但还存在补充和完善之处。一是对于共享发展的测度与评价，虽已有学者考虑到共享发展存在阶段性，其目标的实现需要一个渐进的过程，因此，提出需分阶段设置共享发展的奋斗目标，但在具体设计共享发展评价标准时并未据此细化。二是共享发展的丰富思想内容并不能仅被直观地理解为国家或政府机构利用税收等政策工作对各个社会主体收入的再分配，以达到收入更加公平的状态，而是向社会各个层次的群体提供应有的社会福利、公共服务等一系列合理化的制度安排及实践活动，从而让经济社会发展转变下的物质和精神成果惠及全体人民。鉴于此，对于促进共享发展过程中减税政策所发挥的作用和产生的影响绝不能仅停留在收入分配层面。此外，随着我国减税降费的推进与落实，减税政策已从"结构性减税"转向"普惠性减税"，近年来的政府工作报告都会对当年的减税任务有所提及，如此持续性的减税力度已预示着本轮减税降费并非局限于短期经济调节，而是一项政府收入筹措制度的改革，在此过程中，还必将伴随着财政支出管理改革。对于减税在共享发展推进中所产生的效应不能只就减税论减税，而应进一步探究其中可能发生的中介作用机理，这也是对当前文献研究中的空白之处所做出的重要补充。

1.3 研究焦点：研究内容、方法、主要创新点与不足

1.3.1 研究的主要内容及框架

本书以我国近年来持续推行的减税政策为研究背景，并围绕着共享发展这一高质量发展下的根本目标实现问题展开讨论，全书主要研究的内容包括以下部分。

1.3.1.1 共享发展理念的提出与内涵解析

确立共享发展研究的理论基础。（1）阐述共享发展理念的提出、发展与实践成果，明确共享发展理念的时代意义，以表明本书的研究起点。（2）把握共享发展与共同富裕的理论连接性与趋同性，并从多维度解析共享发展的内涵意蕴。（3）共享发展绝非一句口号，而是一个切实稳步的推进过程，因

此还需明确不同时期下共享发展的具体体现形式和重点任务。

1.3.1.2　减税政策的回顾与评价

系统全面地把握减税政策导向和发力点,以及由此引发的财政后果,为后续论述减税政策对共享发展的作用机制提供现实政策依据和论点依据。(1) 2009—2011年结构性减税政策的主要内容与评价。(2) 2012—2017年以"营改增"为主导的减税政策主要内容与评价。(3) 2018年以来大规模、普惠性的减税政策主要内容与评价。(4) 持续减税政策实施下的积极成效与财政影响。

1.3.1.3　减税政策对共享发展的作用机理

把握减税政策与共享发展研究的逻辑关联,重点剖析减税政策的实施对共享发展的作用机理,为后续的实证检验提供假设前提。由于共享发展存在阶段性,且不同历史时期下的任务目标存在区别,因此还需从不同的角度分析其中的作用机理。(1) 减税对短期视角下共享发展的作用机理。(2) 减税对长期视角下共享发展的作用机理。

1.3.1.4　我国共享发展水平的测度与分析

对我国共享发展的现实状况进行基本判定。我国地域广阔,地区间不论人口资源分布,还是经济发展水平等都呈现出显著的不平衡,由此,必然存在着非共享性。本章通过实际数据测算了我国各地区的共享发展指数,并分析了我国当前的非共享状态。(1) 以理论基础为出发点,分别从短长期不同视角设计共享发展评价指标体系,其中,短期视角下的共享发展将从"经济发展"和"利益共享"两个维度分别设立评价指标,长期视角下的全面共享则从"经济、政治、社会、文化、生态"五位一体的角度设立评价指标体系。(2) 运用熵值法对我国30个省(自治区、直辖市)2011—2020年共享发展指标数据进行处理,测算各省市区共享发展指数。(3) 根据测算结果分别从全国层面、地区层面以及不同指标层面就不同视角下的共享发展水平现状展开分析和比较。

1.3.1.5　减税对共享发展影响效应的实证分析

探究减税这一举措对不同时期视角下共享发展的具体影响效应,以及作用机制是否成立,从而更深层次地剖析减税是如何从直接影响和间接机制两方面作用于共享发展的。(1) 检验减税对短期视角下共享发展的影响效应。

我国的减税政策并非只就减税论减税,而是一个在减税过程中不断调整税制结构的过程,因此,进一步探究税制结构调整对共享发展的延伸影响效应。(2)检验减税对长期视角下共享发展的影响效应,并进一步验证减税是如何通过一定的中介作用机制影响共享发展的。

1.3.1.6 基于共享发展目标下税收政策的改善与配套措施

为如何推进共享发展而优化我国当前税收政策及其他配套措施提出改善建议。以上述理论分析和实证检验结果为依据,分别从短期发展阶段和长期发展阶段两个环节对我国下一步税收政策的制定提出建议。考虑到共享发展是一个宏大的工程,因此,对于共享发展的推进还需将目光放宽至整个财政范畴,并将税收工具视为整体财政政策的一个有机组成部分。除此之外,在调整和完善财政政策的同时,还应注重社会管理制度与环境的建设,为推进共享发展创造良好的外部条件。(1)明确下一步税收政策优化的重点和目标。(2)促进共享发展的财政体制总体优化。(3)聚焦各个层面提出改善措施和优化建议。

具体如图1-1所示。

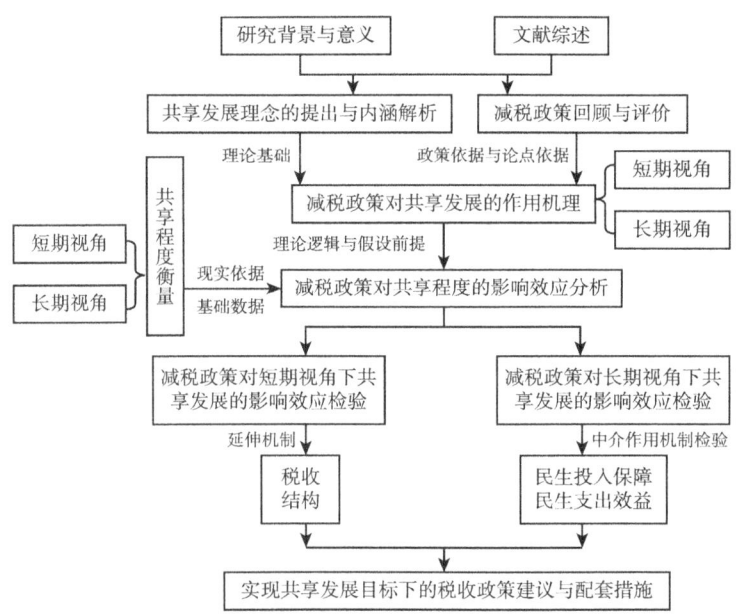

图1-1 本书研究的组织架构

1.3.2 研究方法

本书综合使用理论与实践相结合、定性分析与定量分析相结合、实证分析与规范分析相结合等多种方法来展开相关研究，其中，主要采用以下几种方法。

1.3.2.1 文献整理与系统研究法

文献整理法，即通过对文献的搜索、鉴别、整理和分析，形成对事实科学认识的方法。系统研究法，即要求把调查研究的对象作为一个系统整体加以研究，找出它的结构、层次和要素及其相互关系和变化规律。在搜集了大量有关共享发展理论和实践层面的相关研究，以及减税政策与共享发展理念的相关性等方面资料的基础上，充分掌握和吸收前人在此领域的研究成果，保证本书研究的前沿性和可行性。此外，在对大量相关文献的阅读过程中，系统梳理出研究对象之间的联系，从而在理论层面将研究所涉及对象的作用关系整体建立起来。

1.3.2.2 纵向比较与横向对比相结合

通过对新发展理念下共享发展的内涵与不同时期下具体表现的把握，构建相关分层次多指标的综合评价体系，对我国2011—2020年共享发展指数加以测算。在此基础上，一方面，从纵向角度比较各地区在此期间的指数变化趋势；另一方面，从横向角度将不同地区间的共享发展水平，以及各分项指标下的共享发展水平加以对比，从而可以更加全面系统地了解我国当前共享发展状态。

1.3.2.3 规范分析和实证分析相结合

首先，理论阐述减税政策对共享发展推进中的作用机理。其次，综合运用描述性统计分析、变量相关性分析、回归分析等多种方法，借助STATA等计量软件，在对样本数据进行处理与分析的基础上，对本书所提出的理论模型及各项假设进行合理性检验。同时，利用双向固定效应模型、工具变量法等对变量的内生性问题加以解决。在本书的最后，基于理论分析和实证结果提出相关政策建议。

1.3.3 主要创新点与不足

本书的研究主题为我国当前所实施的减税政策对高质量发展的根本目标——共享发展的影响效应及作用机制。理论方面，分别从短期发展视角和长期发展视角两个层面对二者关系进行了论证分析，从而得到理论假设前提。实证方面，基于2011—2020年省级面板数据进行实证检验，依次对理论假设进行识别。本书研究的创新点和边际贡献主要体现在以下三个方面。

一是研究的主题。当前虽然已有大量的文献分别就共享发展和减税政策的实施效果两个话题展开相应的研究，但将两者放在同一个框架下的研究还比较少见。其中，减税与共享发展之间的研究或停留在理论层面，或针对某个维度深入展开，如减税对于收入分配的影响。但考虑到新发展理念下的共享发展已不仅限于各主体间的物质利益公平分配，正如习近平总书记在党的二十大报告中所言："中国式现代化是物质文明和精神文明相协调的现代化。"这表明新时期新征程下我国未来必将突破物质层面，实现多层次宽领域的全面发展，而相应的发展成果也必将由人民共享，在此前提下，对于减税与共享发展之间关系的研究若还停留在当前阶段就显得过于单薄。故而，本书跳出以往的研究视野，不局限于收入分配这一单项共享维度，而是在对共享发展的概念及不同阶段下具体表现形式把握的基础上，分别从理论和实证层面更为全面地厘清了减税的长期实行对各个维度下共享发展的实际影响效果，从而扩展了减税效应和共享发展的相关研究，对已有文献的空白之处进行了重要补充。

二是研究的角度。共享发展的推进是一个渐进的过程，在不同的历史时期应有其侧重的历史任务，因此，本书不同于以往文献将共享发展作为一个整体加以研究，而是以我国的发展阶段为切入点，将共享发展从时间上划分为两个时期，以当前中等收入发展阶段为短期，以迈入高收入国家阶段为长期。在此基础上，分别从短期发展阶段和长期发展阶段两个角度对共享发展的评价体系加以设计，并分别就两个视角探究和分析减税对共享发展的影响效应和作用机制。这一视角不仅打破了以往的研究惯性，也更有益于体现共享发展实现的动态性和渐近性，凸显了我国不同发展时期下对共享发展的重点要求。

三是研究的内容。一方面，在减税对短期视角下共享发展的影响机制检验中，我国的减税并非一个单一化目标的危机应对，而是一个涉及整体税制改革和优化的过程，因此，本书不仅探究了减税对于共享发展的直接影响效应，而且延伸分析了减税过程中税收结构调整对共享发展的影响效应。另一方面，在减税对长期视角下共享发展的影响机制检验中，由于自金融危机后，我国长期以来一直将减税作为积极财政政策的一项重要任务，如此持续性的减税过程已预示着我国的减税政策并非局限于短期经济调节，而是一项政府收入筹措制度的改革，在此过程中，势必会伴随财政支出管理改革的同时发生。由于财政支出是保障民生服务建设，推动全面共享的重要保障，因此，本书深入分析了减税过程中财政支出的中介调节机制，并检验了该机制的合理性。通过以上研究内容的拓展和深入，可以更为全面地认知所研究的问题。

本书可能存在以下问题：

（1）在共享发展评价指标的选取方面，由于共享发展内涵的丰富性、设计内容的广泛性，因此，所选择的评价指标必须保障其完整性、代表性和科学性，从而充分反映共享发展的内涵意蕴和我国当前的真实水平。本书虽然根据共享发展的理论内涵构建了较为完整的评价体系，但由于部分实证数据存在获取上的局限性和缺失，部分二级指标的选取存在不足，如长期视角下共享发展的政治层面，只选取了单项二级指标，略显单薄，这也在一定程度上可能会对研究结果产生影响。此外，在样本的选择上也排除了西藏、香港、澳门、台湾，使得样本的完整性也存有瑕疵。因此，若要对共享发展进行更加全面客观的评价，还需随着研究的深入和数据库指标数据的更新不断完善部分指标，以使得相关研究结果更为真实准确。

（2）在减税与共享发展的理论分析层面，由于当前相关研究文献并不多见，且限于笔者知识储备和学术视野的局限性，因此，相关部分的撰写存在一定的不足，如理论分析的观点表达不够明确，措辞不够严谨，分析深度还有待提升，部分理论逻辑关系还需进一步推敲完善。此外，本书的政策建议还需加强针对性。

（3）在减税与共享发展的实证分析层面，限于笔者的研究能力，对于方法的选择略显简单。今后还需更多的相关学者共同努力，采取更加缜密的研究思路与方法对这一话题展开研究。

第 2 章

共享发展理念的提出与内涵解析

党的十八届五中全会正式提出共享发展理念,由于其特殊的历史背景与时代价值,社会各界人士广泛关注,并从不同的学科角度、不同的维度对这一理念的内在涵义做出了科学阐述。与此同时,在党中央的高度重视下,"共享发展"并非一句口号,而是要切切实实地加以推进,让人民深有感触,因此,必然存在具体的外在表现形式。出于对共享发展的现实描述和实现机制的探寻,离不开对其理念的深刻认识和清晰把握,因此,本章也是全书研究内容的重要理论基础。

2.1 共享发展理念的提出与时代意义

进入新的发展时期,党中央带领全国人民迈向了实现共同富裕的新征程。在此之际,共享发展理念的提出正是实现这一目标的重要举措。在其理念指导下,我国在"十三五"期间已取得了一系列实践成果,表明共享发展理念的提出具有重要的时代价值与意义。

2.1.1 共享发展理念的提出与实践成果

2015年10月,党的十八届五中全会上,习近平总书记正式提出"创新、协调、绿色、开放、共享"五大新发展理念,并将共享发展摆在了高质量发展的根本目标方位。我国当前地区间、城乡间、群体间的差距问题日益突出,共享发展理念的提出是保障国家安定、维护民族团结的重要议题。习近平总书记指出,"共享发展注重的是解决社会公平正义问题",由此奠定了共享发展理念的初衷,即维护社会公平正义,着重解决分配不公问题。之后,习近平总书记一直高度重视共享发展的进程,多次提及相关议题,并给出重要论断。

一次次的论断,表明了党中央对共享发展推进的关切与重视,亦是对共享发展理念的丰富与发展,逐一回答了"发展为了谁""发展遵循怎样的历史进程""发展中应共享什么""共享发展如何保障"等一系列现实问题。与此同时,共享发展理念的提出不仅要突破以往的发展观,更要达到发展制度上的新落实,全面建立公平正义的制度体系。

其一,脱贫攻坚战取得了全面胜利。2021年2月25日,习近平总书记在全国脱贫攻坚总结表彰大会上庄严宣告:我国的脱贫攻坚战取得了全面胜利。至此,在党中央带领全国各族人民的共同奋斗下,832个贫困县在现行标准下全部摘帽,近1亿人口的贫困人群全部脱贫,在此期间,虽然受到了疫情的严重打击,但脱贫攻坚依然如期完成,中华民族实现了全面建成小康社会的历史性目标。正是在共享发展理念的指导下,我国形成了各级政府、社会各层人士的全面联动,制定了一套量身打造的脱贫方案,有效实施了行业扶贫、专项扶贫、社会帮扶等脱贫政策,从而确保贫困地区和人民共同进入小康社会,共享国家发展成果。

其二,巩固脱贫攻坚成果,继续推动脱贫地区发展和乡村全面振兴。"脱贫摘帽不是终点,而是新生活、新奋斗的起点。"脱贫攻坚战虽取得全面胜利,但脱贫地区依然面临发展基础薄弱,基建设备落后,当地贫困人口收入普遍较低,抵御风险能力不足等问题,对此,党中央强调需进一步巩固脱贫攻坚成果。一方面,对于脱贫地区,要完善健全帮扶机制,形成防止返贫的动态监测,并加强推动当地经济建设与产业发展。另一方面,对于乡村,要坚持全面推进农业农村现代化建设,在各地政府的积极引导下,我国的乡村建设正朝着"农产品生产高质高效、乡村环境宜居宜业、农村居民生活富足"的方向迈进。巩固脱贫攻坚成果,是对共享发展理念的深入体现,表明共享发展的推进循序渐进。要建立短期任务与长期目标相结合的制度机制。

其三,基本公共服务均等化水平显著提升。基本公共服务制度是保障人民生存与发展的基础性、普遍性民生制度,基本公共服务的均等化要求更是与共享发展存在异曲同工之效。自2006年基本公共服务均等化正式提出后,其水平不断提升,伴随着共享发展理念的提出与指导,基本公共服务均等化进一步取得了显著成效。教育方面,截至 2022 年底,我国义务教育阶段在校生数已达 1.6 亿人,普通高中在校生数为 2713.87 万人,普通高等学校在校生数为 3659.42 万人①,各级教育普及程度都已赶超中高收入国家平均水平。社会保障方面,已建立包括养老、医疗、工伤、失业、生育等在内的世界最大社会保障体系,基本覆盖全体居民。医疗卫生方面,截至 2021 年底,全国已有县级医疗卫生机构 2.3 万个,乡镇卫生院 3.5 万个,村卫生室 59.9 万个②,已基本实现县乡村全覆盖。

其四,国民收入稳定增长的同时注重改善分配。共享发展,一是要继续追求发展,二是要推进共享。在此理念下,一方面,国民收入长期以来持续实现增长态势,与经济增长基本持平;另一方面,为避免两极分化,缩小居民间收入差距,通过改善分配调节机制,将城乡居民间的收入差距逐渐缩小,2013 年,城镇居民人均可支配收入为农村居民的 2.81 倍,2022 年,这一差距已缩至 2.45 倍③。

除此之外,共享发展理念的提出与不断深入发展,也将党中央带领全体人民实现共同富裕摆上了历史新高度,努力规划新方案,实施新举措改善民生,为实现共同富裕创造了良好的条件。

2.1.2 共享发展理念的时代意义

作为新时代下的一种新兴发展理念,共享发展的提出不仅有益于为经济高质量发展注入持续动力,更契合了社会主义的本质要求,所体现的时代意义有:

其一,为经济高质量发展注入生命力。当前我国发展中遇到的一大突出问题便是发展的不均衡,地区间、城乡间的差异化发展,居民间的收入差距等问题,不仅阻碍了资源和生产要素的均衡分配和合理流动,更会影响人民的生产积极性。在此境地下,共享发展的提出无疑有助于打破这一僵局。共享发展理念是一种站在全局高度,以战略性眼光指导经济社会均衡发展的理

---

① 数据来源:《中国统计年鉴》。
② 数据来源:《中国统计年鉴》。
③ 根据中国统计年鉴城乡居民人均可支配收入计算得出。

论，促使我们重新审视发展中的种种问题与挑战，舍弃以往盲目追求增长与效率而忽视分配与公平的做法，聚焦经济循环中的短板，改善利益分配调节机制，加强民生服务建设与供给，打破以往单向思维模式，全面完善我国建设思路，以便在调整社会结构的同时，提升国民生产、创造的积极性与动力，进而为推进高质量发展赋予新的生命力。

其二，为缓解社会矛盾提供"解药"。改革开放40余年，一方面，我国经济高速发展，人民生活水平飞跃提升；另一方面，大量的矛盾也在不断积累，尤其贫富差距的日益拉大，十分容易造成社会的动荡与人心的涣散。国家统计局的数据显示，自2008年起，我国的基尼系数达到最高值0.49后便呈现下降趋势，但于2015年达到最低点0.46后又有所上涨，2021年为0.466，2022年为0.474。从多年的数据来看，我国的基尼系数基本维持在0.46和0.48之间，表明我国居民的贫富差距过大，社会矛盾明显。在此背景下，共享发展正是基于我国新时期下突出矛盾所做出的重要论断，是努力建成全面均衡发展的社会主义现代化国家而做出的正确决策，体现了我党能够站在历史新高度，针对当前社会发展中的主要矛盾与问题，结合实际，及时提供"解药"。

其三，为新时期特色社会主义理论体系添砖加瓦。长期以来，效率与公平，即发展与共享的平衡问题始终难以得到解决，其中或过分强调发展，忽视了共享，导致社会两极分化越来越严重；或过度强调共享，降低对发展的重视，造成经济增长的停滞。因此，发展与共享始终未从根本上得到统一。共享发展理念的提出强调将共享作为高质量发展的根本目标，重视经济稳定增长，高质量发展的同时也应关注社会的公平正义问题，从而将发展与共享、效率与公平形成了统一。一方面，以发展为共享奠定基础，将发展视为共享之前提，不断推动经济社会稳步前行，让人民得以享有更为丰富的发展成果。另一方面，以共享推动发展，将共享视为发展之动力，通过促进地区间、城乡间协调发展，保障全体人民公平合理地共享社会主义现代化建设下的一切成果，从而激发发展的内驱力。从中可以看出，共享发展不仅是一种新的发展模式，更展现了中国特色社会主义理论能够通过自我革新与完善为全人类共同发展提供新思路。

其四，为推动世界减贫贡献中国理论。消除贫困、共享发展成果是世界各国人民共同的愿望，西方经济学理论中也不乏相关研究，并为其贫困工作起到了一定的作用，但由于相关理论的根本目的还是为维护资产阶级的统治和利益，因此，必然存在局限性，无法从根源上消除贫困。中国脱贫攻坚战以共享发展作为理论指导：第一，脱贫道路上不落下一个人，做到全民共享。聚焦重点群体，对于建档立卡的贫困人口做到因户施策、因人施策，对于未摘帽的贫困县、贫困村做到挂牌督战，力求不落下一个贫困地区，不落下一个贫困人口。第二，确保贫困人口享有各个领域建设成果，做到全面共享。加强各级党委和政府对脱贫攻坚的全面领导，全方位带领贫困地区贫困群体完成就业扶贫、教育扶贫、健康扶贫、产业扶贫等工作任务，使贫困人口全面享有发展成果。第三，坚持脱贫道路上人人参与，做到共建共享。发挥贫困群体的主体能动性，将党的领导和人民的脱贫意识形成整体合力，共同应对脱贫攻坚中的难题，使人民在共建中拥有获得感。第四，持续巩固脱贫攻坚成果，做到渐进共享。立足我国国情和各个地区的发展状况，实施合理的反贫困举措，帮助脱贫人群逐渐提升生活质量，向着共同富裕逐步迈进。脱贫攻坚战的全面胜利用实践证明了共享发展理念的科学性，并为世界减贫工作贡献中国理论。

2.2 共享发展的内涵解析

共享的思想早在千年以前就已植根于中华民族的传统文化之中，如孔子的《论语·季氏第十六篇》中所提及的"不患寡而患不均"，即不担心所分之物不足，而担心分配的不公平。随着我国社会的发展，"等贵贱，均贫富"的口号一次又一次地推动了社会变革。如今，党中央提出"共享发展"，这是对新时期下我国社会面临的新问题的理论回应，其自身蕴含着丰富的思想内涵，对此，必须先将其与"共同富裕"进行理论辨析，从两者的联系与区别出发，以便更好地抓住共享发展的内涵精髓。

2.2.1 共享发展与共同富裕的理论辨析

共同富裕和共享发展作为中国共产党在不同历史发展阶段下的理论创新，具有不可分割的联结性。马克思的多部著作都对共同富裕有所提及，并对共同富裕的形成和实现方式等内容做出了科学详细的阐述。1953年，毛泽东同志首次在《中共中央关于发展农业生产合作社的决议》中提出共同富裕，表明中国共产党要带领人民从"站起来"到"富起来"的决心。在此过程中，虽遇到了一些挫折，如"人民公社"和"大跃进"等运动所形成的平均主义阻碍了国家的发展，但这是中国共产党带领人民走向共同富裕的一次道路探索，对于实现这一目标的信心与信念也未因此而有所动摇。改革开放后，邓小平同志在对共同富裕继承的同时也看到了中国生产力落后的现实国情，从而提出"由先富带后富"的"先富论"，鼓励先让一部分人富起来，再由先富带后富，最终实现共同富裕。"先富论"的提出绝非对共同富裕的否定，而是对共同富裕新路径的重新规划。事实证明，此次规划是一次符合中国国情的、科学合理的有益尝试，我国的生产力得到了极大的提高，人民的物质财富也得到了快速积累，总体达到了小康水平。但与此同时，我国不平衡不协调的发展问题日益凸显，人民对于改革发展成果的共享诉求愈发强烈。对此，胡锦涛同志指出，"要建立公平的社会保障体系，使全体人民共享改革发展成果，使全体人民朝着共同富裕稳步前进"[①]。党的十八届五中全会提出了新发展理念，将共享发展从思想层面落实到了实践层面。

从上述可以看出，共同富裕是中国共产党对马克思思想理论的科学继承，是中国社会主义建设事业的最终目标；共享发展是党中央在坚持马克思主义的同时，在对我国新发展阶段全面认识和把握的基础上所提出的新理念。两者的相同点主要体现在"共"字上，即中国的发展成果不能仅由一部分人占有，全体人民都应当在社会主义现代化国家建设中富裕起来，这是对社会主义本质的体现，也是对"以人民为中心"的发展思想的坚持。但共享发展与共同富裕也并非等同关系。在改革开放的40多年里，部分群体和地区已然实现了富裕，但在先富带后富的实践过程中，显然没有达到好的效果，导致这一结果的主要原因还在于没有做到共享发展成果。先富群体不愿割让既得利益，而后富群体得不到相应支持，使得两者之间差距不断拉大，这一现象是对共同富裕目标的违背。想要打破这一僵局，便要从思想上形成共享发展的理念，打破利益分配格局，以共享的方式将发展资源重新整合，更加重视对后富群体的政策倾向，从而逐渐缩小后富与先富之间的差距。因此，共同富

---

① 十七大以来重要文献选编（上册）[M]．北京：中央文献出版社，2009．

裕和共享发展有着相同的目标导向，即让广大人民群众共享一切发展成果，以此激发人民的奋斗热情并形成良性循环，最终完成消除不公平和两极分化的目标。然而，共享发展在坚持目标的同时也指明了路径，正所谓"千里之行始于足下"，只有通过扎实的、具体的现实路径才能向着目标稳步前进。

综合而言，共享发展与共同富裕是对马克思主义的一脉相承，都具有消灭剥削和消除两极分化的目标导向。其中，共同富裕直指社会主义事业的伟大理想与目标，共享发展则在指明前进目标的同时更加注重实现过程，强调共同参与、共同发展，与共享成果相结合，为后富追赶先富创造良好的平台。

2.2.2 多维度把握共享发展的理念意蕴

共享发展作为新时代下中国特色社会主义思想的有机构成，并在实践中不断发展，必然蕴含了多方面的理论维度。

2.2.2.1 "以人民为中心"体现了共享发展的价值追求

共同富裕与共享发展是中国共产党对马克思主义的继承与科学发展，不论是共同富裕还是共享发展均离不开人民群众思想，习近平总书记所强调的"发展为了人民，发展依靠人民，发展成果由人民共享"，更是清晰地点明了以人民为中心的发展思想，其价值导向鲜明[①]，并将发展的基本立场、动力来源、和根本目的统一到了新发展理念的框架之中。

首先，"发展为了人民"确定了共享发展的基本立场。换言之，回答了发展为了谁的问题，如果无法正视这一问题，或立场不坚定，我国的发展大厦建设就会迷失方向，甚至失去根基而摇摇欲坠。因此，共享发展的提出对于"发展为了谁"这一根本性问题给出了明确答复，强调发展为了人民，将发展道路的基本立场牢牢定位于人民，突出了广大人民群众在发展过程中的中心位置。其次，"发展依靠人民"明确了共享发展的根本动力来源。任何发展的推动都离不开强大的动力来源，否则蓝图规划得再宏大，方案制定得再完备，也终将沦为一纸空文。将人民群众作为共享发展的动力来源，体现了我党遵循历史唯物主义，充分尊重人民的历史主体地位。一方面，对于美

---

① 刘康.习近平以人民为中心发展思想的逻辑阐释[J].河南大学学报（社会科学版），2021（5）：17－21.

好生活的追求和共同富裕目标的实现，无法仅依靠共产党员的努力，还需广大人民群众共同为之奋斗；另一方面，美好生活的质量和水平高度是由与之相关的努力程度所决定的，只有集民智、聚民心，才能不断开创共享发展的新境界。最后，"发展成果由人民共享"指明了共享发展的根本目的。中国特色社会主义事业建设中的伟大成就既然是由人民共同创造的，那么毫无疑问，成果也应由人民共享。此外，从要求和目标导向上，共享发展与共同富裕两者一致，前者则在后者的基础上更加指明了前进路径。对于该路径的走向是否有所偏离，实践过程是否科学等还应由人民共同检验，只有让广大人民群众从收获的成果中得到相应的、具体的满足感，才能说明发展理念的科学性、实践路径的正确性。

综上所述，这种"以人民为中心"的发展思想与价值追求既是对马克思主义政治经济学根本立场的坚持，也是以马克思主义科学思想指导的政党与其他政党的根本区别，直接凸显了社会主义制度的优越性。

2.2.2.2 公平正义体现了共享发展的社会目标

公平正义是人类社会永恒的追求目标，也是人类社会文明进步和发展的重要准则[①]。回顾以往，多少名士大家都曾为之奋斗，但最终或是因为阶级的局限性，或是由于空想的不切实际等，都只能不了了之。在反对封建专制的过程中，资产阶级也高举过公平正义的旗帜，但由于生产资料私有制这一自身的局限性使其依然走向了公平正义的反方向。当马克思第一次提出生产资料公有制，让全体成员共享生产资料以最大化解放生产力，从而实现人的全面发展，人类历史才开启了追求公平正义的新篇章。与资本主义社会所追求的少数人的"公平正义"有所不同，在马克思主义理论指导下的社会主义所要追求的是最大多数人民的公平正义，这也是中国特色社会主义的内在要求，并与社会主义本质紧密联系。共享发展的提出是新时期新阶段下对社会主义本质的最新体现，其目标导向同样在于消灭剥削，消除两极分化，这便从根本上确保了我国公平正义的社会发展目标和方向[②]。

从历史唯物主义角度出发，公平正义是社会生产力水平达到一定程度的

---

① 王敏，陈树文. 公平正义：国家治理现代化的核心价值取向及其实现路径——基于社会主要矛盾视域 [J]. 北京交通大学学报（社会科学版），2021（4）：155-162.

② 吴毅君，张志. 共享发展是实现社会主义公平正义的根本 [N]. 光明日报，2016-08-03（15）.

产物，只有当人民的生活水平达到一定高度，才会从一味诉求物质财富的积累转向对公平正义的追求。自改革开放以来，我国的经济得到了快速发展，社会主义建设亦取得了辉煌成就，但在此过程中，一些问题也在不断滋生，分配不公、贫富差距日益拉大正是其中的一个突出问题，给我国经济持续健康发展和社会稳定和谐埋下了隐患。对此，习近平总书记直击问题，多次强调要实现共享发展，不仅要把"蛋糕"做大，更要分好"蛋糕"。通过制度的保障和政策的完善，让所有社会成员平等享有经济、政治、文化、生态、社会等方面的发展成果。其中，公平的权利是基本保障，只有切实维护好人民群众的生存权、受教育权、就业权、健康权等基本权利，才能真正满足其对美好生活的追求。但在现实生活中，每个个体由于自然禀赋的不同，社会所给予个体的发展机会和条件也会有所差异。因此，政府要坚持以公平正义为原则，塑造更加完善的规则体系，为全体社会成员提供保障其自身发展的基本条件，促使每一个个体都能争取自己的发展权利去共享新时期的发展成果。由此可见，以权利、机会、规则"三个公平"为主要内容的社会公平保障体系的建立对于破解当前发展难题，凝聚各发展主体的力量朝着共享发展方向努力前行具有十分重大的意义，而共享发展作为新时期的理念指引，不仅顺应了全国人民对于美好生活的期待，也顺应了新时期下的社会发展目标。

2.2.2.3 全民共享体现了共享发展的主体维度

共享发展体现的是"以人民为中心"的发展思想，故所强调的共享主体绝不是某一部分特殊群体，而是全体人民，这也是由我国的经济特性所决定的。资本主义社会下的生产资料由少数资本家掌握，因此，资产阶级一直宣扬的"市场中的人人平等"只是一种流于形式的平等，在该假象下所掩盖的是占有全部生产和生活资料的资产阶级对工人阶级的压迫。相较而言，作为社会主义国家的中国所实行的是生产资料公有制，且国家的主人是广大人民群众，这就决定了人民群众对于生产和生活资料的占有，并进一步确定了由全体人民共享这些生产、生活资料所转化的全部社会成果。

从横向来看，共享的主体是推动社会前进的广大人民群众，只要是社会主义事业的推动者与参与者，都应作为共享发展理念下的主体。一方面，从历史的创造者角度，是人民群众推动历史不断向前发展。从原始社会依靠捕猎和采摘野果繁衍生命，到牛耕、铁器等生产工具的出现对种植业发展的促进，再到如今新的科技产品不断出现，极大地提高了生产力，创造了丰富的

第2章 共享发展理念的提出与内涵解析

物质财富。可以说，正是依靠广大人民群众的智慧和探索，才将原始的自然资源逐步转化为丰硕的社会物质财富。与此同时，人民群众也是精神产品的创造者。在不断保障物质基础的过程中，劳动群体也在生产实践中积累了大量的经验，并通过打磨、加工，加上偶然的灵感，创造了一个又一个文化作品。从人类早期的雕刻、绘画、舞蹈、诗词，到近代的报纸、电影，再到当代人类生活中必不可少的电视、手机、电脑等产品的出现，为原本单调乏味的生活增添了生机与活力。除此之外，人民群众还是社会变革的决定性力量。社会的发展总是会出现生产力和生产关系之间的矛盾运动，伴随着矛盾的激化，可能演变为最终的革命，当一场革命发生时，决定其胜利走向的还是人民群众。中国共产党自成立以来，便已深深地了解到群众基础的重要性，紧紧依靠人民群众的智慧和力量，从而建立了新中国和新政权，并由人民当家作主。在实现民族伟大复兴的道路上，还需继续依靠人民、团结人民，在广大人民群众的支持和拥护下才能实现执政地位的长期性和稳固性。另一方面，从中国共产党的成立初衷和宗旨角度，国家的一切发展都是为了人民。中国共产党带领各族人民共同努力，促进了经济社会等各个领域的快速发展，每一位建设者都是功臣，都应享有发展中的成果，社会主义建设的物质和精神财富的分配不应落下任何一个人。

从纵向来看，全民共享不单包括这一代人，还要兼顾子孙后代，即做到"跨代共享"，实现共享发展理念的可持续性，唯有如此，才能彰显共享发展的应有之义。个人客观条件的千差万别，以及社会竞争下的优胜劣汰，会使得部分特殊群体面对竞争无所适从，但他们作为社会主义体系中的一分子，也应享有发展成果。对此，不能如法炮制西方国家的做法，一味对其施以救济，而应从可持续发展的角度，将该群体作为政策扶持的重点对象，逐渐改善其生存条件，给予其与他人同样的发展条件，如此才能从根本上解决代际贫困，真正做到全民共享。

当然，全民共享不是无差异的共享，因为任何社会都不会出现完全相同的个人，由于自然禀赋的不同，每一个人对于社会主义事业建设所做的贡献都是不一样的，通过按劳分配收获的成果自然有所不同。面对差异，既要通过制度的保障和合理的分配措施，使得每个人的获得感都能得到满足，但也不能刻意"一碗水端平"，导致全民平均，从而打击人民的生产和生活积极性，更有可能造成社会停滞不前。因此，全民共享应是在保障人人各得其所的同时，将贫富差距控制在一定的合理范围之内。

2.2.2.4　全面共享体现了共享发展的内容维度

共享发展"以人民为中心"的价值取向表明共享的主体为全体人民，发展的成果也应由全体人民共同享有，同时也必须明确人民所享有的发展成果是涵盖各个领域的，既包含物质领域，也包含精神领域；既包含生存领域，也包含发展领域。换言之，共享发展的内容应是全方位的，即全面共享。其中，"共享"是对社会发展成果最终归属者的认定，"全面"则表明社会发展并不是单一的、局部的，而是一种全方位成就。

毫无疑问，整个社会体系由独立的个人所构成，社会的进步与发展离不开人的生产与创造，反之，人类也在社会的发展中不断寻求自身价值，追求自我能力的提升，由此表明了社会发展与人类发展的内在统一性[①]。从社会角度出发，整个社会的前进蕴含了两个方面的内容：一是横向方面，即社会的发展必然包含经济、文化、生态、政治、社会等各个领域的共同推进；二是纵向方面，即社会的发展是一个由低级逐渐推向高级的过程。鉴于此，对于全面共享的诠释同样可从横向和纵向两个层面展开。

从横向层面看，各个领域的发展成果都应由人民共享。人民群众是共享发展的主体，共享的内容理应由人民决定，而人的需求是多元化的，既需要得到物质财富的保障，也需要通过文化教育、社会制度、政治权利、绿色生态等其他领域提高生活质量。长期以来，限于我国物质发展水平不高，对于共享的理解多停留在经济层面，不少学者也都将研究的目光集中在经济的不平衡增长上（袁江、张成思，2009[②]；刘晨晖，2017[③]；周靖祥，2018[④]）。诚然，经济不平衡的增长状态会成为阻碍我国整体健康持续发展的瓶颈，而这一现象很难依靠经济自身的运行机制得以调节，因此，面对经济发展的不平衡，以及由此导致的该领域成果的非共享性必须通过政府利用外在手段加

---

① 方呆，李争. 全面共享：社会发展和人的发展相统一 [EB/OL]. （2017-03-01）[2022-06-29]. https://www.sohu.com/a/127547735_162758.

② 袁江，张成思. 强制性技术变迁、不平衡增长与中国经济周期模型 [J]. 经济研究，2009 (12)：17-29.

③ 刘晨晖. 高房价加剧了省际经济发展不平衡吗？——基于中心—外围视角的测算与经验分析 [J]. 财经问题研究，2017 (2)：97-104.

④ 周靖祥. 中国社会与经济不平衡发展测度与治理方略研究 [J]. 数量经济技术经济研究，2018 (11)：21-38.

以调节，即通过一定的制度安排将生产资料和消费资料在社会成员间均衡合理分配，以此缩小经济增长差距，并让广大人民群众都能在经济发展中收获满意的物质成果。不可否认，经济的平衡增长与成果共享是最基础的，但不是唯一的，若只以经济的平等来代表新发展理念下的共享发展便会显得以偏概全。自改革开放以来，国内经济建设和人民的物质生活都得到较大改善，人民也逐渐表现出新的需求，如良好的教育、体面的工作、可观的收入、宜人的环境以及政治诉求的保障等都已成为人民群众对于美好生活的期盼。对此，党中央和各级政府必须着力推进经济、政治、文化、社会、生态"五位一体"的战略布局，推动全体人民对于发展成果的全方位、多层次共享，这将是检验共享发展科学性的重要尺度。

从纵向层面看，每个人都会根据自身境况的改变出现新的需求，且随着自身条件的提高，这种需求也会逐步上升到更高层次。正如马斯洛提出的，人的需求是有层次的，最基础的是生理需求，然后是安全需求，随之是社交需求，再者是尊重需求，最后是自我实现需求，由此表明人的需求不仅是多样性的，亦是多变性的。因此，在对共享内容不断丰富的同时，还需提升人民共享发展的能力，使得每个人都能在境况改善的过程中拥有获取更高利益的权利，决不能在人民生存、发展和自我实现等阶梯性追求上设置壁垒[①]。

2.2.2.5 共建共享体现了共享发展的路径维度

共享发展是全体人民的共享，每一个人都是经济社会发展成果的享有者，同时，也应作为推动经济社会继续前进的建设者。实现中国梦和中华民族的伟大复兴是所有社会成员的责任。因此，共建共享为共享的途径指明了方向：以共建推动共享，在一定程度上用共建程度的大小决定共享的覆盖面；同时，以共享促进共建，切实维护广大人民的核心利益，提升人民幸福感，激发全体社会成员投入到共建当中，从而推动发展的脚步不断向前。在此过程中，一是要集合全体人民共同建设社会主义事业的凝聚力；二是要保持全体人员参与共建的动力与积极性。

共享发展的前提是存在丰富的成果，只有将全体人民凝聚到社会主义事业建设当中，不断做大共享蛋糕，才能收获更多的发展成果。尤其对于还处于社会主义发展初期阶段的中国，更需要团结全国各族人民的力量，凝结人

---

① 张颖. 习近平共享发展理念研究 [D]. 湘潭：湖南科技大学，2019.

民的智慧，让每一个人都能投入到中华民族伟大复兴的建设当中，从而产生更大的效益。反之，若让各相关主体只一味坐享其成，不思进取，久而久之，不仅无法做大共享蛋糕，更有可能产生矛盾和利益冲突，成为共享发展实现道路上的一大阻碍。而对于中华民族的团结，眼光不能过于局限，不论是大陆居民，还是海外侨胞，不论是党内人士，还是其他党派人士，只要拥护中国共产党所领导下的社会主义中国，就都是推进社会主义不断发展的积极力量。对此，必须通过良好畅通的渠道建设，将更多人士吸纳进来，形成推动中国特色社会主义事业滚滚向前的强大合力。

共建共享意味着要想获得共享成果的权利，就必须积极主动投入共建事业当中，但在此过程中，也要随时保持全体人员的共建积极性，激发人民的主观能动性。首先，要充分尊重人民群众的创造精神。共享发展的顶层战略和具体行动指针虽由党中央和各级政府制定和部署，但政府并非物质、精神财富的创造者，归根结底，人民群众才是历史的推动者、财富的创造者，必须充分尊重人民群众创造财富的努力和追求幸福的权利。因此，还需不断培养人民的文化素养、增加知识积累、提高技术能力，在拓宽就业渠道的同时，给予创业创新鼓励，将推动社会发展的最大能量释放出来。其次，要真正做到让人民当家作主，让人民群众成为改造自身命运的决策者。自改革开放以来，人民的文化水平已有了大幅度的提升，眼界和思维也得到了极大的开拓，随着教育、科技信息的继续发展，人民的认识水平也会持续提高，在此情况下，要充分相信人民，听取人民的意见，对于人民的想法和建议要及时给予呼应，让人民感受到自身的主人翁地位，从而更加积极为共享发展做出贡献，由此形成共建共享的良性循环。

2.2.2.6 渐进共享体现了共享发展的过程维度

中国特色社会主义事业的建设是一个漫长的过程，共享发展的推进与实现也需要稳步向前，逐步完成。换言之，共享发展绝不可能一蹴而就，而是一个渐进的过程。因此，要防止急功近利思想的滋生，保持发展的持续性与稳定性，同时，也要立足形势，树立信心，不断推进共享发展水平的提升。

党的十九大指出，我国的社会主要矛盾已发生转变，随着我国经济发展进入新时期，一方面，人们的需求已从简单的物质层面转向更为全面的物质和非物质层面，并从"有没有"转向了"好不好"；另一方面，生产力发展总量还不够丰富，地区间、城乡间、群体间的不均等现象较为明显。由此可见，经过改革开放后的高速增长，我国的经济社会发展已取得了令人满意的成绩，但正如马克思所提出的："社会生产力及其成果不断增长，要足以保证每个人的一切合理的需要在越来越大的程度上得到满足。"① 人民对于美好生活的需求总是动态上升的，由于发展的本质是为了人民，发展的目的也是为了实现广大人民群众的利益，因此，当前不充分不平衡的发展状况注定与真正实现人民满意的共享发展之间还有一段较长距离，必须做好打持久战的准备。习近平总书记已明确指出："一口吃不成胖子，共享发展必将有一个从低级到高级、从不均衡到均衡的过程。"② 从我国当前的发展状况看，我国依然属于发展中国家，且经济社会的发展过程中还面临着一些结构性、周期性问题，包括：产品结构不合理，低端产品积压过多，高端产品则严重不足；人口出生率持续下降，老龄化问题严重，对医疗、社保等公共服务领域产生了前所未有的压力；长期的"高耗能、高污染"生产方式使得资源要素消耗过多，生态环境压力加重；此外，芯片、高端轴承等关乎国家工业命脉的核心产品，目前国内自给率还远远不足，多依赖于他国进口，复杂紧张的国际关系会直接影响我国大宗商品的价格波动。对于这一系列问题的解决还需经过一个长期且艰难的过程，并要通过长效可行的制度设立作为保障，以逐步推动共享发展从不充分不平衡跃升到充分平衡的理想状态。

共享发展虽然是一个渐进且充满阻力的过程，但也不可由此心生畏惧，停滞不前。作为新时期的一种发展新理念，共享发展为我国的发展目标指明了方向，因此，还需立足当前，根据总体宏观形势，合理设计共享发展的顶层布局和具体要求，一步一个脚印，稳步前行。从改革开放之初温饱及基本生存问题的解决，到脱贫攻坚，历史性地解决绝对贫困问题，再到全力奋战"两个一百年"的宏伟目标，都是对渐进共享思路的体现。因此，在解决不充分不平衡的发展问题，推进共享发展的过程中，要具备"水滴穿石"的耐力和毅力，一旦时机成熟，就当果敢抉择，乘势而为，在动态前进中取得成效。在此过程中，还需各政府部门发挥好引领作用，做好相关宣传工作，既要让人民群众了解到共享发展任务的艰巨性，等不得更急不得，也要树立人民群众胜利的信心和"久久为功"的决心；既要通过共建让人民群众在推动

---

① 马克思恩格斯文集，第1卷 [M]. 北京：人民出版社，2009.
② 习近平谈治国理政，第2卷 [M]. 北京：外文出版社，2017.

共享发展的道路上体会到每个成果的来之不易,也要通过收获的幸福感激励人人奋斗,将渐进共享深入人心。"道路且长,行则将至,做则必成。"

综上所述,共享发展的理论内涵维度如图 2 – 1 所示。

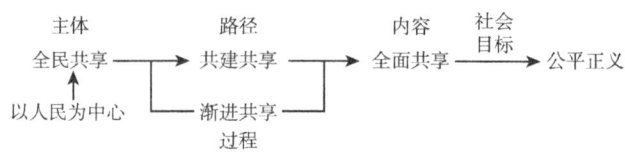

图 2 – 1　共享发展的理论维度

2.3　不同时期共享发展的主要体现

社会主义事业的最终目标就是要实现共同富裕,共享发展与共同富裕的目标导向一脉相承,故而,在共享发展的推进过程中,首先要明确这一事业的长期性和持续性,既要积极面对并有序回应人民群众的诉求,也应站稳脚跟、稳步前进,切忌急功近利,做出不符合当前发展阶段的规划安排。邓小平同志(1993)指出,共同富裕的实现是一个客观的物质积累过程,需要分步骤、有秩序地进行①。姬旭辉(2020)也认为共享发展在特定时期应有所侧重②。因此,本书从时间上将共享发展划分为两个时期,体现共享发展实现的动态性和非同时性,也使得后续的研究更具针对性。划分的时间标准则以我国的发展阶段为依据,将当前中等收入发展阶段视为短期,将迈入高收入国家阶段视为长期。对于短期视角下的共享发展,李实(2020)认为在中低收入发展阶段应将目标更多放在做大收入上③。万海远、陈基平(2021)也提出,我国当前发展阶段中的共享发展核心依然聚焦于物质层面④。对于长期视角下的共享发展,李实(2020)则认为在迈入高收入国家后,还需更加关注人的全面发展,教育、医疗、健康、人力资本累积应成为共享的核心

---

①　邓小平文选(第三卷)[M]. 北京:人民出版社,1993.
②　姬旭辉. 从"共同富裕"到"全面小康"——中国共产党关于收入分配的理论演进与实践历程[J]. 当代经济研究,2020(9):42 – 50.
③　李实. 从全面小康走向共同富裕的着力点[J]. 中国党政干部论坛,2020(2):16 – 19.
④　万海远,陈基平. 共享发展的全球比较与共同富裕的中国路径[J]. 财政研究,2021(9):14 – 29.

内容①。从学者们的研究观点中可以看出,对于共享发展的实现不仅需要考虑阶段性,还应明确不同时期下的共享发展所需考虑的重点任务和具体表现形式。

2.3.1 短期视角下共享发展的主要体现

如今,我国已成为全球第二大经济体,但与发达国家相比仍有较大的差距。没有发达的生产力作为支撑、丰富的物质作为保障,共享发展只能沦为空谈,故而,在由中等收入国家迈向高收入国家期间,持续稳定的经济增速依然是宏观经济的重点任务。与此同时,还需改善分配方式,让全体人民在继续创造物质财富的过程中能够公平享有发展成果,而这种发展成果更体现在对收入的分配结果上。这是因为考虑到我国当前社会主义初级阶段的基本国情未变,且人类的需求往往呈现出由低到高、由物质转向精神的渐进动态过程,因此,短期视角下,人民群众更在意的还是对较为实在的经济利益的分配。

第一,将持续发展作为主要保障。发展始终是第一要务,马克思指出,"消费资料的任何一种分配,都不过是生产条件本身分配的结果"②。没有发达的生产力作为保障,共享也就成了无源之水。

改革开放前,在计划经济体制下,生产什么、生产多少、如何分配,都是由政府按照计划决定,这一时期,人民的收入处于绝对平均水平。因此,单从利益分配角度出发,全体人民的共享程度已然达到了较高水准。然而,在此阶段,在生产效率十分低下的大环境里,大部分人都还在为日常温饱而担忧,如此低水平的平均化结果绝非真正意义上的共享,社会主义事业的发展目标也绝非追求共同贫穷。

必须通过发展才能解决我国所面临的诸多问题,1978年改革开放拉开了序幕,在市场经济的建立与完善下,通过政策导向鼓励一部分地区先发展起来,一部分人先富起来,生产力得到了快速释放,我国在2010年成为世界第二大经济体。但在物质财富积累的同时,各主体间的差距也在日益拉大,基尼系数更是长期超过国际警戒线(0.4),发展之路再次遇到了新的难题,我

---

① 李实. 从全面小康走向共同富裕的着力点 [J]. 中国党政干部论坛, 2020 (2): 16-19.
② 马克思恩格斯文集, 第3卷 [M]. 北京: 人民出版社, 2009.

国的发展政策又一次做出调整,如何利用先富带动后富开始提上日程。

从我国对发展政策的调整可看出,发展是一把双刃剑:一方面,人民的生存环境和生活质量会因为发展而得以提高;另一方面,发展过程中对效率的过分追求必然会产生贫富的两极分化,甚至会给社会的稳定埋下隐患。对于优先发展所引起的这一现实弊端,共享发展的提出正是一剂对症的良方,将发展中的非平衡性问题、非公正性现象及时加以纠正。发展的正面优势则更加不能忽视,中国如今的种种成就都是在发展中取得的,没有改革开放后的大力发展就不会有今天的中国,更不会有对中华民族伟大复兴的期盼。考虑到中国当前依然处于社会主义初级阶段,发展的主旋律不能变,只有创造出更多更好的物质财富才能为高水平的共享发展提供保障,中国人民的全面自由发展也必须建立在发达生产力的基础上。

第二,将利益的公平分配作为核心要求。相较于资本主义,社会主义制度的优越性不仅体现为对生产力水平的释放,更体现为通过合理的分配方式,实现发展成果的共享。在旧的分配制度下,对于财富的不合理划分,不仅会影响到社会的公平正义,还会造成利益的冲突和阶级的对立,甚至引发社会动荡,这种分配方式是对共享的否定。因此,要推进共享发展,实现共同富裕,完成社会主义建设目标,就需要建立新的、公正的分配制度,以取代旧的、不合理的分配制度①。

经过40多年的发展和物质财富的积累,我国的社会总体物质财富已达到了一定水准,但分配领域所存在的问题却变得越来越复杂。宏观层面,居民收入占总体国民收入比重较低,劳动要素所分配的报酬远低于资本要素所获得的报酬;中观层面,不同行业、产业间的利益分配也存在不公平现象,例如,与新兴、绿色等产业相比,娱乐产业呈现出收入畸高的态势;微观层面,居民间的收入差距较大,基尼系数始终处于警戒线之上;现有的分配制度层面,还未形成合理有序的分配规则,例如,不少科研工作者、技术开发者、社会服务者所获取的收入虽高于一般民众,但与其对整个社会进步所做出的贡献相比,这一收入分配结果明显与其付出不成比例,反观部分群体往往通过不合法、不透明、不正当的途径获取收入,不论多少都存在着利益分配的不公,而这种不公平的分配规则和方式还会继续扩大贫富差距,与共享发展

---

① 李宇. 共享发展的内涵与实现路径 [N]. 中国社会科学报, 2020 - 09 - 29 (02).

的奋斗目标背道而驰。

对于共享发展理念的坚持,还需完善现有分配机制。通过制定科学公正的分配规则,从初次分配开始消除已有的不公平现象,并通过完善再分配和三次分配手段进一步缩小居民间的收入差距,从而将经济的发展成果更加合理公平地惠及全体人民。

2.3.2 长期视角下共享发展的主要体现

长期视角下,通过一定时期的发展,我国已迈入了高收入国家行列,人民的物质富裕程度也已实现了飞跃,此时的共享发展不应是只集中于收入这一单项、小分配领域的低级共享,而应是达到教育、医疗、文化等各个与居民生存发展紧密相关的多层次、大分配领域的高级共享或全面共享。早在2012年,胡锦涛同志在党的十八大上便指出:"建立中国特色社会主义,总依据是社会主义初级阶段,总布局是五位一体,总任务是实现社会主义现代化和中华民族伟大复兴。"[①] 经济、政治、文化、社会、生态文明"五位一体"的总体战略布局,是对全面共享的总体要求与行动指南,体现了社会的全方位进步和人的全面发展,也是对社会主义最终目标——共同富裕内容的充实与丰富。

整体层面,这五个方面相互联系,共同构成了一个有机整体,其中,经济建设始终位于中心地位;政治制度的设立为整体运行提供了保障;社会保障体系的建立为整体运行提供了稳固的外在环境;文化意识形态的形成为整体运行提供了精神支撑;生态绿色建设则为整体的可持续运行提供了可能。在将"五位一体"总体布局与共享发展理念融合的过程中,民生工程的建设将成为关键所在。

第一,将经济领域共享作为基础。共享发展最基础的还是经济领域的发展成果,其共享程度直接影响到其他领域共享水平的推进。共享发展理念的形成与提出,主要出发点便是增强人民的获得感与满意度。经过多年的经济建设,人民期待:一是生活水平的切实提高,通过消费更多更好的产品以获取更多效用;二是对公共设施资源的更高需求,城乡生活的便捷性、舒适性都会影响人们的幸福感。因此,在有序推进经济建设的同时,需有效避免市

---

① 十八大报告辅导读本[M]. 北京:人民出版社,2012.

场经济的盲目性，以及与实际需求的偏向。此外，还需缓解供给结构的不均衡，以破除居民享有经济成果的壁垒。

第二，将政治和社会领域共享作为保障。共享发展的实现不能仅停留在表面成果的共享，还需通过权利和机会的共享予以保障。其中，对于政治权利的共享，让人民普遍享有监督权、选举权，并利用畅通的渠道对自身的不公待遇和诉求加以表达，从而真正实现当家作主。对于社会领域的共享，则是让人民享有平等的生存和发展机会。只有赋予全体人民一定的权利和公平的机会，才能进一步保障各个层次的人民都能够共享发展成果。因此，对于政治领域，应坚持社会主义民主建设，加快政府角色的转换，尽快建立服务型政府，强化廉政建设的同时，提高全民办事效率，深入了解民情民意，对于人民的意见和诉求及时给予反馈。对于社会领域，要以科学和有效的社会治理方式，促进社会和谐，为人民提供平等的发展平台，切实解决人民所关心的教育、医疗、就业、养老等问题，满足人民实实在在的需求。

第三，将文化和生态领域共享作为提升。经济成果的共享是基础，权利、机会的共享是保障，思想意识的共享则是对共享发展的提升。优秀的民族离不开先进的文化对于灵魂的塑造，强大的国家离不开正确的舆论对于民众力量的凝聚。因此，通过文化共享提升整体国民素养和文明程度，为社会主义事业建设不断输送先进工作者。面对日益恶化的环境和日渐减少的自然资源，还需强调生态文明共享以加强对自然环境的关注，生态文明是落实共享发展理念的关键一步，也是人民对新时代社会发展提出的全新需求[1]。对于文化领域，还需促进文化产业健康有序发展，多出版优秀文化作品的同时，保障人民基本的文化权益，共享社会主义精神文明建设成果。对于生态领域，还需不断贯彻绿色发展的理念，将可持续发展深入全体人民的思想意识之中，与此同时，构建环境治理体系，将全体人民纳入生态文明建设当中，形成"共建—共享—可持续发展"的生态共享模式。

第四，将民生工程作为关键。民生工程是政府坚持以人为本、贯彻落实科学发展观、切实保障公民基本权利、提高居民生活水平、重点关心弱势群体所采取的一系列积极政策举措。民生问题关乎每一个家庭、每一位家庭成员及其生活的方方面面。通过构建具有全面性和普惠性的民生工程，实现"幼有所

---

[1] 吴宇. 共同富裕与共享发展 [J]. 广西社会科学, 2022 (1): 11-20.

育、学有所教、劳有所得、病有所医、老有所养、住有所居、弱有所扶"[①] 的民生目标，从而维护广大人民群众最为关心、最为迫切的权益，将改革成果切实惠及全体人民。由此可见，民生工程的构建是真正实现共享发展的关键性举措，"民之所向，政之所行"也是保障顺利打造共享共富之路的稳定基石。因此，为确保和促进各项民生事业稳步有序地展开，还需要创新工作机制，保障各类民生项目的实施进度；健全监督机制，保障项目的规范实施；完善绩效评价机制，保障项目的实施效果；完善项目的建后管养机制，保障权益的适时发挥。

需要说明的是，本书虽然将共享发展分别在短期视角下和长期视角下的具体体现和重点任务做了划分和阐述，但并不意味着将短期视角下的共享发展等价为单一物质发展，将长期视角下的共享发展等价为物质、精神等多层面发展，即两者之间并非没有交集。例如，发展是共享的基础前提，即使在长期发展的视角下也依然成立；同样，对于"五位一体"的全面共享，党中央及各级政府早已着手建设。因此，这里所做的划分只是秉承渐进共享的发展思想，并结合了学者们的研究观点，对不同时期下的共享发展重点任务及其表现加以说明，如图2-2所示。

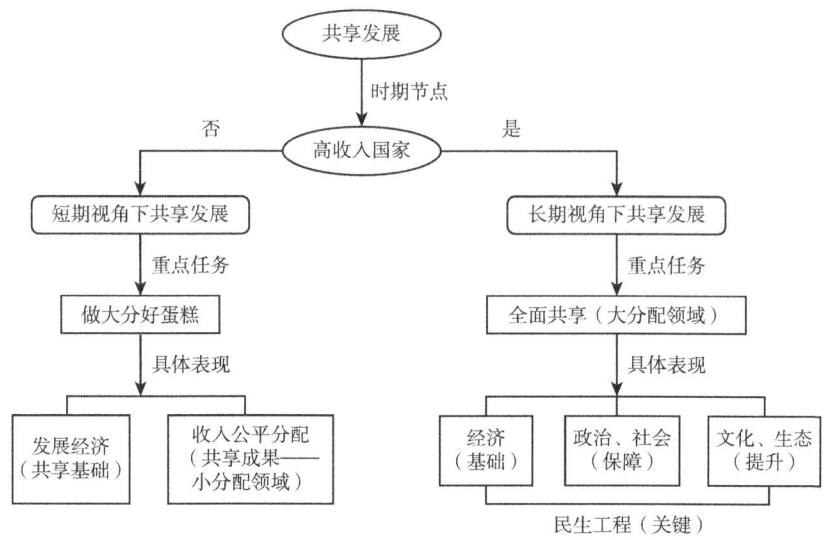

图2-2 共享发展的划分及不同阶段下的具体表现

---

① 中共中央关于坚持和完善中国特色社会主义制度推进国家治理体系和治理能力现代化若干重大问题的决定 [M]. 北京：人民出版社，2019.

2.4 本章小结

本章是对共享发展理念从提出到发展中内涵意蕴的全面解析,以及在实践中的具体体现和不同时期重点任务的详细阐述。

首先,共享发展理念的提出与时代价值。面对新时代下社会主要矛盾的转变与经济发展阶段的转变,"创新、协调、绿色、开放、共享"的新发展理念顺势提出,其中,共享作为新时期经济高质量发展的根本目标,凸显了社会主义国家发展的优越性。在"共享发展"理念的指导下,我国的经济社会等各个领域取得了丰硕的成果,并为最终实现共同富裕创造了良好的条件。该理念的提出为我国经济高质量发展注入了生命力,为缓解社会矛盾提供了"解药",为新时期特色社会主义理论体系添砖加瓦,为推动世界减贫贡献中国理论,具有划时代的重要意义。

其次,共享发展的概念界定。作为习近平新时代中国特色社会主义思想的有机构成,共享发展与共同富裕既有共同的目标导向,又同时为共同富裕的实现指明了具体的实践路径,有着丰富而深刻的思想内涵。其中,"以人民为中心"体现了共享发展的价值追求,公平正义反映了共享发展所追求的社会目标,全民共享、全面共享、共建共享、渐进共享则分别体现了共享发展的主体维度、内容维度、路径维度和过程维度。

最后,对共享发展具体表现形式和不同时期重点任务要求的阐述。要将共享发展从理论层上升到实践层,还需进一步对其具体表现加以科学阐述。本书以共享发展事业本身的长期性和持续性为出发点,并结合学者们的研究观点,分别从短期和长期两个视角分析共享发展的主要体现。其中,短期视角下,需将持续发展作为其主要保障,并将利益的公平分配作为其核心要求。长期视角下,应将经济、政治、文化、社会、生态这"五位一体"作为全面共享的总体要求和行动指南,在将各方融合的过程中,民生工程建设将成为关键所在。

第 3 章

减税政策的回顾与成效

2008年全球金融危机爆发后,我国以支出扩张为主的积极财政政策开始转向由公共投资和结构性减税共同组成的积极财政政策。自此以来,减税政策的推行与实施一直都是我国积极财政政策的重要组成部分。2008年至今,我国的减税政策共经历了"结构性减税""以'营改增'为主导的减税"以及"2018年以来更大规模、普惠性的减税降费"三个阶段的演变过程。随着减税政策实施的深入和力度的加大,一方面,减税已成为有效降低宏观税负,充分释放市场主体活力,以应对经济下行压力的战略性政策;另一方面,长期减税也给财政带来了一定的压力。本章通过系统全面地把握减税政策导向和发力点,以及由此引发的财政后果,为后续论述减税政策对共享发展的作用机制提供现实政策依据和论点依据。

3.1 结构性减税政策的主要内容及评价(2009—2011年)

为缓解全球金融危机对我国经济造成的打击,2008年召开的中央经济工作会议提出了"结构性减税"。顾名思义,结构性减税就是一种结构性调整的税制改革措施,是为了达到特定目标而针对特定群体、特定税种来降低税负水平。在此阶段我国所出台的主要减税措施如表3-1所示。

由表3-1可以看出,2009—2011年我国相继出台了一揽子结构性减税政策,以期达到的目标包括:其一,调整产业结构。对部分鼓励性产业,如科技产业、文化产业等给予进口、改造、经营、发展等种种税收优惠待遇。其

表 3-1　　　　　　　　2009—2011 年减税政策主要内容

时间	涉及税种	减税政策
2009 年	增值税	2009 年允许企业抵扣新购入设备所含的增值税，同时将小规模纳税人增值税征收率统一下调至 3%
	车辆购置税	减征 1.6 升及以下排量乘用车的车辆购置税
	企业所得税	中国清洁发展机制基金取得的指定收入免征企业所得税
	房产税、城镇土地使用税	股改及合资铁路运输企业自用的房产、土地，暂免征收房产税、城镇土地使用税
	增值税	以农林剩余物为原料的综合利用产品增值税即征即退
	关税、增值税	关于扶持新型显示器件产业发展有关进口税收优惠政策
	增值税、营业税	扶持动漫产业发展有关税收优惠政策
	关税、增值税	进口关键原材料、零部件，用以生产国家支持的重大设备或产品免征进口环节增值税和关税
	增值税	进一步提高部分商品出口退税率
	企业所得税	企业所得税应纳税所得额中，补充养老（或医疗）保险费不超过职工工资总额 5% 的部分可以扣除
	增值税	2009 年 1 月 1 日至 9 月 30 日，继续实行民族贸易县内增值税免征政策
	增值税	2009 年至 2010 年有关边销茶的增值税免征政策
	企业所得税、关税、房产税、增值税等	关于支持科普、文化企事业单位发展的税收优惠政策
2010 年	企业所得税、营业税	对于农村金融发展的支持性税收优惠政策
	城镇土地使用税、契税、土地增值税、个人所得税	对于矿棚户区改造项目的税收优惠政策
	关税、增值税	种子（苗）种畜（禽）鱼种（苗）和种用野生动植物种源免税进口计划确定
	个人所得税	部分项目（如科学奖、环境保护奖、职工技能大赛等）获奖奖金免征个人所得税
	企业所得税	2009 年至 2013 年汶川地震灾区农村信用社继续免征企业所得税
	营业税、教育费附加、城市维护建设税、个人所得税	将下岗人员的再就业税收优惠政策延长至 2010 年 12 月 31 日

续表

时间	涉及税种	减税政策
	增值税	纳税人销售生产人工合成牛胚胎应免征增值税
	企业所得税	2008年12月31日前新办的政府鼓励的文化企业自工商登记之日起3年内免征企业所得税
	城镇土地使用税	就业单位将残疾人员安置于本单位的税收优惠政策
	营业税	部分省市有线数字电视基本收视及维护费税收优惠政策
	消费税	利用废弃的动植物油为原料生产的纯生物柴油免征消费税
	个人所得税	"明天小小科学家"活动获得的奖金免征个人所得税
	企业所得税	21个示范城市技术先进型服务企业有关企业所得税优惠政策
2010年	营业税	21个示范城市企业从事离岸服务外包业务取得的收入免征营业税
	消费税	对成品油生产企业生产自用油免征消费税
	消费税	农用拖拉机、收割机和手扶拖拉机专用轮胎不征收消费税
	企业所得税、个人所得税、印花税、契税等	支持玉树地震灾后恢复重建有关税收优惠政策
	城镇土地使用税、印花税、契税等	支持公共租赁住房建设和营运有关的税收优惠政策
	城市维护建设税、教育费附加	对国家重大水利工程建设基金免征城市维护建设税和教育费附加
	关税、增值税	关于科技重大专项进口税收优惠政策
	营业税、企业所得税	海峡两岸空中直航营业税和企业所得税优惠政策
	企业所得税	"公司+农户"经营模式企业所得税优惠政策
	增值税、营业税	提高增值税、营业税起征点
	增值税、消费税	在海南实施离岛免税政策试点
2011年	增值税、营业税	2011年1月1日至2012年12月31日对宣传文化事业继续执行税收优惠政策
	营业税	对农村金融服务机构、家政服务企业的相关营业税优惠政策
	个人所得税	《个人所得税法》第六次修订,包括提高免征额至3500元等

续表

时间	涉及税种	减税政策
2011年	营业税、教育费附加、地方教育附加、城市维护建设税、个人所得税、企业所得税	支持和促进就业税收优惠政策
	企业所得税	支持小型微利企业、节能服务企业及西部地区所设鼓励类企业的税收优惠政策
	印花税	小微企业向金融机构借款所签订的相关合同于2011年11月1日至2014年10月31日期间免征印花税
	关税、增值税	"十二五"期间营运支线航线的国内航空公司维修用航空器材进口税收优惠政策

资料来源：税务总局解答，《中国财经报》，以及国务院、财政部、国家税务局、海关总署等发布的公告。

二，促进企业发展，扩大社会投资。将增值税由"生产型"转变为"消费型"，给予小企业、落后产业税收优惠和金融支持，以增强其生命力和发展活力。其三，保障基本民生。通过提高居民个人所得税免征额，扩大就业优惠群体，支持灾区恢复建设等，以确保人民，尤其是低收入群体和部分困难群众的基本生活水平。其四，注重节能减排。对节能企业施以优惠政策，鼓励企业废物利用等，以增强市场主体的环保意识。

结构性减税是这一时期积极财政政策的重要组成部分，以上种种措施的安排对于经济和社会的稳定与发展起到了有效的助力作用。

3.2 以"营改增"为主导的减税政策主要内容及评价（2012—2017年）

2012年1月1日，我国正式开展"营改增"试点工作，并在上海"打响了第一枪"，试点的行业为交通运输业和部分现代服务业。随着试点的行业和地区不断扩大，2016年5月1日，"营改增"在全国范围内全面推行，标志着营业税从此退出了历史舞台。而在此期间和接下来的一段时间内，除了"营改增"这一减税重头戏外，围绕着小微企业、高新技术企业、对外贸易等同样展开了一系列的减税措施，主要内容如表 3-2 所示。

表 3-2　　　　　　　　2012—2017 年减税政策主要内容

政策时间	减税政策	执行时间	涉及税种
2011 年 11 月 16 日	营业税改征增值税试点工作的开启（地点：上海；行业：交通运输业、部分现代服务业）	2012 年 1 月 1 日起	增值税、营业税
2011 年 11 月 29 日	应纳税所得额不高于 6 万元的小微企业所得减半征收，且按 20% 税率计征	2012 年至 2015 年	企业所得税
2011 年 12 月 15 日	调整部分商品进出口关税，促进对外贸易平衡	2012 年 1 月 1 日起	关税
2012 年 1 月 20 日	对大宗商品仓储设施用地土地使用税减半征收	2012 年至 2014 年	城镇土地使用税
2012 年 4 月 19 日	通过落实各项税收优惠政策以支持小型微利企业的发展		增值税、营业税、企业所得税、印花税
2012 年 7 月 12 日	扩大物流企业营业税差额征税试点范围	2012 年 8 月 1 日起	营业税
2012 年 7 月 31 日	扩大"营改增"试点范围，将原本的试点地区由上海扩大至 8 个省市（试点行业不变，地区扩展）	2012 年 9 月 1 日至 2012 年 12 月 1 日	增值税、营业税
2013 年 5 月 24 日	进一步扩大"营改增"试点范围至全国，并将广播影视纳入试点范围（试点行业、地区同时扩展）	2013 年 8 月 1 日起	增值税、营业税
2013 年 7 月 29 日	对增值税小规模/营业税纳税人中月销售额不超过 2 万元的企业或非企业性单位，暂免征收增值/营业税	2013 年 8 月 1 日起	增值税、营业税
2013 年 9 月 18 日	上海自贸区"一揽子"税收优惠落地		企业所得税、个人所得税、增值税
2013 年 9 月 29 日	新增五项企业研发费用纳入税前加计扣除范围	2013 年 1 月 1 日起	企业所得税
2013 年 12 月 7 日	企业年金可享受个税递延优惠	2014 年 1 月 1 日起	个人所得税

续表

政策时间	减税政策	执行时间	涉及税种
2013年12月12日	扩大"营改增"试点范围,将铁路运输、邮政业纳入全国试点范围(试点行业扩展)	2014年1月1日起	增值税、营业税
2014年2月18日	对重大技术装备进口税收政策有关规定和目录调整,对符合规定条件的企业为生产支持性的重大技术产品进口关键零部件及原材料免征关税和进口环节增值税	2014年3月1日起	关税、增值税
2014年2月27日	外贸综合服务企业以自营方式出口国内生产企业与境外单位或个人签约的出口货物,同时具备规定情形,可由外贸综合服务企业按自营出口规定申报退免税	2014年4月1日起	出口退税
2014年4月8日	扩大享受企业所得税优惠小微企业范围(应纳税所得额不高于10万元的小微企业所得减半征收)	2014年至2016年	企业所得税
2014年4月29日	在全国范围内开展电信业营业税改征增值税试点	2014年6月1日起	增值税、营业税
2014年4月29日	继续实施支持和促进重点群体创业就业税收政策调整完善自主就业退役士兵创业就业税收政策	2014年至2016年	营业税、城市维护建设税、教育费附加、地方教育附加、个人所得税、企业所得税
2014年5月4日	鼓励服务出口,实行零税率或免税;完善出口退税;适时扩大融资租赁货物出口退税试点范围		出口退税
2014年7月30日	扩大启运港退税政策试点范围	2014年9月1日起	出口退税
2014年9月1日	在全国范围开展融资租赁货物出口退税	2014年10月1日起	增值税、消费税
2014年9月25日	调高增值税小规模/营业税纳税人的起征点(月销售额2万元提高至3万元)	2014年10月1日至2015年12月31日	增值税、营业税
2014年10月8日	在北京等21个城市对认定的技术先进型服务企业继续实行企业所得税优惠政策	2014年至2018年	企业所得税
2014年10月9日	实行原油、天然气资源优惠政策	2014年12月1日起	资源税

续表

政策时间	减税政策	执行时间	涉及税种
2014年10月2日	多项优惠政策鼓励体育事业和产业发展		企业所得税、营业税、房产税、城镇土地使用税
2014年10月20日	完善固定资产加速折旧企业所得税政策	2014年1月1日起	企业所得税
2014年10月24日	金融机构与小微企业签订的借款合同免征印花税	2014年11月1日至2017年12月31日	印花税
2014年11月25日	调整消费税政策，取消对部分应税产品征收消费税	2014年12月1日起	消费税
2014年11月27日	支持文化企业发展若干税收优惠政策	2014年至2018年	增值税、关税、企业所得税
2014年12月31日	调高部分产品出口退税率	2015年1月1日起	出口退税
2015年1月6日	将境外旅客购物离境退税政策推广全国，并进一步扩大退税物品范围，同时下调起退点		增值税
2015年2月25日	小微企业中应纳税所得额低于20万元时，减半征收相应的企业所得税（10万元提高至20万元）	2015年至2017年	企业所得税
2015年3月30日	调整个人转让住房营业税政策	2015年3月31日起	营业税
2015年4月27日	将铁矿石资源税由减按规定税额标准的80%征收调整为减按规定税额标准的40%征收	2015年5月1日起	资源税
2015年5月8日	对31个城市试点地区个人购买符合规定的商业健康保险产品的支出，在计算应纳税所得额时允许在限额内扣除（2400元/年）	2016年1月1日起	个人所得税
2015年8月19日	小微企业中应纳税所得额低于30万元时，减半征收相应的企业所得税（20万元提高至30万元）	2015年10月1日至2017年12月31日	企业所得税
2015年8月27日	延长对增值税小规模/营业税纳税人起征点调高政策（月销售额2万元提高至3万元）	2015年12月31日至2017年12月31日	增值税、营业税

续表

政策时间	减税政策	执行时间	涉及税种
2015年9月17日	明确对轻工、纺织、机械、汽车等四个领域重点行业实行加速折旧	2015年1月1日	企业所得税
2015年9月29日	对购置1.6升及以下排量乘用车减按5%的税率征收车辆购置税	2015年10月1日至2016年12月31日	车辆购置税
2015年10月23日	国家自主创新示范区有关税收试点政策推广至全国（投资未上市中小高新技术企业，技术转让优惠政策）	2015年10月1日起	企业所得税
	国家自主创新示范区有关税收试点政策推广至全国（未上市中小高新技术企业转增股本，高新技术企业股权奖励优惠政策）	2016年1月1日起	个人所得税
2015年11月2日	对于企业研发活动及研发费用中能够享受优惠的范围加以放宽	2016年1月1日起	企业所得税
2015年12月4日	对国内需求较大的婴儿、服装、箱包等产品进出口关税适当降低，同时适度扩大日用消费品的降税范围	2016年1月1日起	关税
2015年12月29日	境外旅客在境内（如天津市、辽宁省等地）购物执行离境退税政策	2016年1月1日起	增值税
2016年3月24日	将营业税改征增值税推广至全国范围	2016年5月1日起	增值税、营业税
2017年4月28日	简化增值税税率结构，取消原13%税率，降为11%	2017年7月1日起	增值税
2017年4月28日	开展创业投资企业有关税收试点政策	2017年1月1日起	企业所得税
	开展天使投资个人有关税收试点政策	2017年7月1日起	个人所得税
2017年4月28日	推广商业健康保险个人所得税税前扣除试点	2017年7月1日起	个人所得税

续表

政策时间	减税政策	执行时间	涉及税种
2017年5月2日	将研发费用税前扣除比例提高至75%（针对科技型中小企业）	2017年至2019年	企业所得税
	小微企业中应纳税所得额低于50万元时，减半征收相应的企业所得税（30万元提高至50万元）	2017年至2019年	企业所得税
	将部分于2016年底到期的税收优惠政策（如：有线电视免征增值税；包括退役士兵在内的重点群体就业、创业中的增值税扣减优惠；金融机构对农户的小额贷款获取的利息收入可免征增值税等）继续延期至2019年底	2017年至2019年	增值税

资料来源：国务院公告、财政部公告、国家税务局公告、海关总署公告等。下表同。

自分税制改革后，根据行业的不同，同时设立了增值税和营业税，其中，第二产业除建筑业外都归入增值税的征收范围，而第三产业中的大部分则成为营业税的征税对象。由于营业税存在重复课征的问题，造成了产业间某种意义上的"税收歧视"，故而，通过"营改增"的试点和全面推行，不仅有助于减轻部分行业企业的税收负担，而且打通了整个增值税环节抵扣链条，扩大了税基，拉长了产业链，推进了产业结构优化升级。以第三产业为例，随着经济的发展和生产力水平的提升，极少的劳动力便能生产出更多的农产品和工业用品，此时，释放出的劳动力便会流向第三产业，由于第三产业的增长基本没有上限，因此，在经济中的占比也会高于其他产业。从各发达国家的发展中也能看出，第三产业的发展在孕育市场关系、完善市场机制、促进劳动力就业等方面发挥了十分积极的作用。如图3－1所示，2011—2017年我国第三产业占GDP的比重由44.29%提升至52.68%，并从2012年开始超过了第二产业的比重。由此可见，我国税收制度的完善会成为产业结构调整的一项有力助推器。与此同时，对于部分行业"税收歧视"的打破也减少了行业间的不公平，促进了各行各业对发展成果的共享程度。

在"营改增"的过程中，各项支持"大众创业、万众创新"的税收优惠政策，和利民惠民的减税政策也在不断推出。国家税务总局的数据显示，自2012年实行"营改增"试点以来至2018年初，累计减税近2万亿元，极大地推动了供给侧结构性改革。

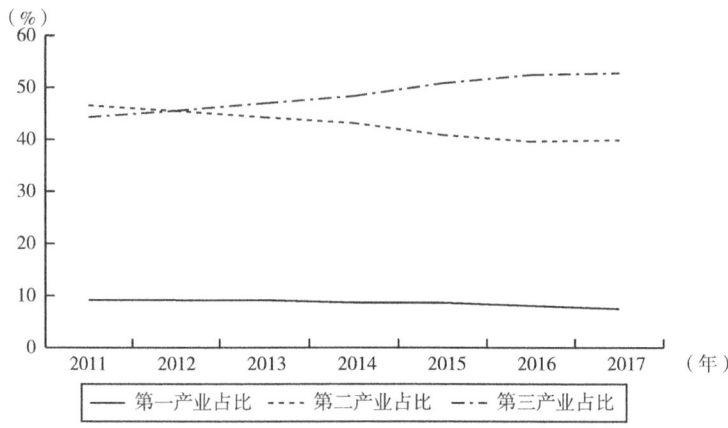

图 3-1 三次产业占国内生产总值比重变化

资料来源：国家统计局。

3.3 大规模、普惠性的减税政策主要内容及评价（2018—2022年）

自2018年以来，我国出台了诸多减税政策，"减税降费"也成为2018年的年度热词。之后，受新冠疫情的影响，此轮减税不仅规模大、力度强，而且涉及的税种多、精准度高，成为推动"六稳""六保"工作顺利进行的一把"利器"。主要内容如表3-3所示。

表 3-3　　　　　　　　2018—2022年减税政策主要内容

政策时间	减税政策	执行时间	涉及税种
2018年3月28日	关于集成电路生产企业有关企业所得税优惠政策	2018年1月1日起	企业所得税
2018年3月29日	对页岩气资源税（按6%的规定税率）减征30%	2018年4月1日至2021年3月31日，到期后延长至2023年12月31日	资源税
2018年4月2日	对上海、苏州工业园区、福建实施个人税收递延型商业养老保险试点	2018年5月1日至2019年4月30日	个人所得税

续表

政策时间	减税政策	执行时间	涉及税种
2018年4月4日	调整增值税税率，原适用17%和11%税率的分别调整为16%和10%	2018年5月1日起	增值税
2018年4月4日	将增值税的小规模纳税人标准进行统一（统一后为年应征增值税销售额500万元及以下）	2018年5月1日起	增值税
2018年4月19日	延续动漫产业增值税优惠政策	2018年至2020年，到期延长至2023年12月31日	增值税
2018年4月27日	抗癌类的药品可依照征收率（3%）于生产销售、批发、零售、进口环节计算缴纳增值税	2018年5月1日起	增值税
2018年5月3日	对营业账簿减免印花税	2018年5月1日起	印花税
2018年5月7日	企业职工教育经费税前扣除优惠政策	2018年1月1日起	企业所得税
2018年5月7日	设备、器具扣除有关的企业所得税优惠政策	2018年至2020年	企业所得税
2018年5月14日	创业投资企业和天使投资个人有关税收优惠政策推广至全国	2018年1月1日起	企业所得税
		2018年7月1日起	个人所得税
2018年5月19日	将服务贸易创新发展试点地区技术先进型服务企业所得税政策推广至全国（对经认定的技术先进型服务企业（服务贸易类），减按15%的税率征收企业所得税）	2018年1月1日起	企业所得税
2018年5月25日	对挂车减征车辆购置税	2018年7月1日至2021年6月30日，到期后延长至2023年12月31日	车辆购置税
2018年5月29日	科技人员取得职务科技成果转化现金奖励有关个人所得税优惠政策	2018年7月1日起	个人所得税
2018年6月1日	物流企业承租用于大宗商品仓储设施的土地城镇土地使用税优惠政策（减按适用税额标准的50%计征）	2018年5月1日至2019年12月31日	城镇土地使用税
2018年6月25日	企业委托境外研究开发费用税前加计扣除优惠政策	2018年1月1日起	企业所得税

续表

政策时间	减税政策	执行时间	涉及税种
2018年7月10日	节能新能源车船享受车船税优惠政策	2018年7月10日起	车船税
2018年7月11日	延长高新技术企业和科技型中小企业亏损结转年限（由5年延长至10年）	2018年1月1日起	企业所得税
2018年7月25日	中外合作办学等若干增值税优惠政策	2018年7月25日起	增值税
2018年8月31日	个人所得税第七次修订，提出将基本扣除标准提升至5000元/月等多项优惠改革	2019年1月1日起	个人所得税
2018年9月5日	金融机构因向特定对象（小微企业、个体工商户）发还小额贷款所取得的利息收入可免征增值税	2018年9月1日至2020年12月31日，到期后延长至2023年12月31日	增值税
2018年9月7日	2018年第四季度个人所得税减除费用和税率优惠政策	2018年10月1日起	个人所得税
2018年9月10日	关于全国社会保障基金有关投资业务税收优惠政策	2018年9月10日起	增值税、印花税、企业所得税
2018年9月12日	中国邮政储蓄银行三农金融事业部涉农贷款增值税政策（3%的简易征收）	2018年7月1日至2020年12月31日到期后延长至2023年12月31日	增值税
2018年9月20日	关于基本养老保险基金有关投资业务税收优惠政策	2018年9月20日起	增值税、印花税、企业所得税
2018年9月20日	提高研究开发费用税前加计扣除比例（按照实际发生额的75%在税前加计扣除；形成无形资产的，按照无形资产成本的175%在税前摊销），且将适用企业扩大至所有企业	2018年1月1日至2020年12月31日，到期后延长至2023年12月31日	企业所得税
2018年11月5日	第七届世界军人运动会税收优惠政策	2018年11月5日起	增值税、印花税、企业所得税、个人所得税、土地增值税
2018年11月7日	对境外机构通过境内债券市场获取的投资利息收入暂免征收增值税、企业所得税	2018年11月7日至2021年11月6日	增值税、企业所得税

续表

政策时间	减税政策	执行时间	涉及税种
2018年12月7日	对废矿物油再生油品免征消费税期限延长5年	2018年11月1日至2023年10月31日	消费税
2018年12月27日	个人所得税修改后部分税收优惠衔接	2019年1月1日起	个人所得税
2019年1月9日	对进行农产品贸易、批发的相关市场进行的税收优惠政策延期	2019年至2021年,到期后延长至2023年12月31日	房产税、城镇土地使用税
2019年1月17日	实施小微企业普惠性税收减免政策	2019年至2021年	增值税、企业所得税、资源税、城市维护建设税、房产税、城镇土地使用税、印花税、耕地占用税、教育费附加、地方教育附加
2019年1月18日	与北京2022年冬奥会、冬残奥会、测试赛有关的服务,免征增值税	2017年7月12日起	增值税
2019年1月31日	继续对城市公交站场道路客运站场城市轨道交通系统减免城镇土地使用税优惠政策	2019年至2021年	城镇土地使用税
2019年1月31日	针对高校学生公寓的税收优惠政策	2019年至2021年,到期后延长至2023年12月31日	房产税、印花税
2019年2月2日	进一步支持和促进重点群体(如退役士兵)创业就业有关税收优惠政策	2019年至2021年	增值税、企业所得税、个人所得税、城镇维护建设税、教育费附加、地方教育附加
2019年2月2日	明确养老机构免征增值税	2019年2月2日起	增值税
2019年2月13日	继续实施支持文化企业发展的增值税优惠政策	2019年至2023年	增值税
2019年2月16日	继续实施文化体制改革中经营性文化事业单位转制为企业若干税收优惠政策	2019年至2023年	企业所得税、房产税、增值税
2019年3月20日	深化增值税改革,包括调低税率,将原16%和10%降至13%和9%等	2019年4月1日起	增值税

续表

政策时间	减税政策	执行时间	涉及税种
2019年4月3日	居民供暖中的税收优惠政策	2019年至2020年（政策延续）	增值税、房产税、城镇土地使用税
2019年4月3日	自首只创新企业CDR（中国存托凭证）批准发行之日起三年内，对个人或企业投资者三年内转让创新企业CDR免征个人所得税、企业所得税、增值税		个人所得税、企业所得税、增值税
2019年4月10日	向脱贫目标地区无偿捐赠的相关税收优惠政策	2019年至2022年	增值税
2019年4月13日	从事防治污染的税收优惠政策	2019年至2021年	企业所得税
2019年4月15日	公共租赁住房税收优惠政策	2019年至2020年延长至2023年12月31日	城镇土地使用税、契税、印花税、个人所得税、房产税
2019年4月15日	继续实行农村饮水安全工程税收优惠政策	2019年至2020年延长至2023年12月31日	城镇土地使用税、契税、印花税、增值税、房产税
2019年4月16日	永续债税收优惠政策	2019年1月1日起	企业所得税
2019年4月23日	在整个制造业行业推行固定资产的加速折旧政策	2019年1月1日起	企业所得税
2019年6月5日	对抗艾滋病病毒的有关药品（国内）继续实行生产、流通环节免征增值税的优惠政策	2019年至2020年延长至2023年12月31日	增值税
2019年6月28日	养老、托育、家政等社区家庭服务业税费优惠政策	2019年6月1日至2025年12月31日	增值税、企业所得税、契税、房产税、城镇土地使用税
2019年8月28日	生产、经销边销茶企业的税收优惠政策	2019年至2020年	增值税
2019年8月31日	对部分先进制造业增值税实行期末留抵退税政策	2019年6月1日起	增值税
2020年1月20日	纳税人将国有农用地出租给农业生产者用于农业生产，免征增值税	2020年1月20日起	增值税
2020年2月1日	防控新型冠状病毒感染的肺炎疫情进口物资免税政策	2020年1月1日至2020年3月31日	增值税、消费税、关税

续表

政策时间	减税政策	执行时间	涉及税种
2020年2月6日	应对新冠疫情的一系列税收优惠政策	2020年1月1日起截至视疫情而定	企业所得税、个人所得税、消费税、增值税、城市维护建设税、教育费附加、地方教育附加
2020年2月6日	支持个体工商户复工复业增值税优惠政策	2020年3月1日至2020年5月31日	增值税
2020年3月13日	延长物流企业大宗商品仓储设施城镇土地使用税优惠政策（减按适用税额标准的50%计征）	2020年至2022年	城镇土地使用税
2020年3月17日	提高部分产品出口退税率	2020年3月20日起	增值税
2020年4月8日	二手车经销的纳税人销售二手车减按0.5%征收增值税	2020年5月1日至2023年12月31日	增值税
2020年4月16日	新能源汽车继续免征车辆购置税	2021年至2022年	车辆购置税
2020年4月20日	延续实施普惠金融有关税收优惠	2020年至2023年	增值税
2020年4月23日	延续西部大开发企业所得税政策（减按15%征收）	2021年1月1日起	企业所得税
2020年4月30日	延长小规模纳税人减免增值税政策	2020年6月1日至2020年12月31日	增值税
2020年5月13日	对纳税人提供电影放映服务取得的收入免征增值税，且于2020年度发生的亏损可进一步延长结转期限（5年延长至8年）	2020年1月1日至2020年12月31日	增值税、企业所得税
2020年5月15日	支持疫情防控保供等税费政策延长至2020年12月31日		企业所得税、个人所得税、消费税、增值税、城市维护建设税、教育费附加、地方教育附加
2020年5月19日	针对个体工商户、小微企业的延期纳税政策		企业所得税、个人所得税

续表

政策时间	减税政策	执行时间	涉及税种
2020年6月23日	对在海南自由贸易港工作的高端人才和紧缺人才,其个人所得税实际税负超过15%的部分,予以免征	2020年至2024年	个人所得税
	海南自由贸易港企业所得税优惠政策		企业所得税
2020年6月24日	继续执行的资源税优惠政策		资源税
2020年7月1日	设有固定装置的非运输专用作业车辆免征车辆购置税	2021年1月1日起	车辆购置税
2020年7月13日	上海自贸试验区临港新片区重点产业企业所得税优惠政策	2020年1月1日起	企业所得税
2020年9月29日	海南离岛免税店销售离岛免税商品免征增值税和消费税	2020年11月1日起	增值税、消费税
2020年10月12日	中国国际进口博览会展期内销售的进口展品税收优惠政策	2020年10月12日起	关税、增值税、消费税
2020年12月11日	促进集成电路产业和软件产业高质量发展的企业所得税优惠政策	2020年1月1日起	企业所得税
2021年2月19日	生产、经销边销茶企业的税收优惠政策延续	2021年至2023年	增值税
2021年3月4日	对海南自由贸易港注册登记并具有独立法人资格的企业进口自用的生产设备,除规定禁止外,免征关税、进口环节增值税和消费税	2021年3月4日起	关税、增值税、消费税
2021年3月15日	延长部分税收优惠政策		增值税等
2021年3月16日	支持集成电路产业和软件产业发展进口税收优惠政策	2020年7月27日至2030年12月31日	关税、增值税
2021年3月17日	延续实施应对疫情部分税费优惠政策	延长至2021年12月31日	增值税、个人所得税等
2021年3月22日	延续宣传文化增值税优惠政策	2021年至2023年	增值税
2021年3月29日	抗艾滋病病毒药物进口税收优惠政策	2021年至2030年	增值税、关税

续表

政策时间	减税政策	执行时间	涉及税种
2021年3月31日	支持新型显示产业发展进口税收优惠政策	2021年至2030年	关税、增值税
2021年3月31日	"十四五"期间中西部地区国际性展会展期内销售进口展品优惠政策		关税、增值税、消费税
2021年3月31日	对月销售额15万元以下的增值税小规模纳税人免征增值税	2021年4月1日至2022年12月31日	增值税
2021年3月31日	进一步完善研发费用税前加计扣除（由75%提高至100%）	2021年1月1日起	企业所得税
2021年4月2日	对小型微利企业和个体工商户年应纳税所得额100万元以下的部分，在现行优惠政策基础上，再减半征收所得税	2021年至2022年	企业所得税、个人所得税
2021年4月2日	生产和装配伤残人员专门用品企业免征企业所得税	2021年至2023年	企业所得税
2021年4月12日	"十四五"期间种用野生动植物种源和军警用工作犬免征进口环节增值税	2021年至2025年	增值税
2021年4月12日	"十四五"期间能源资源勘探开发利用进口税收优惠政策	2021年至2025年	关税、增值税
2021年4月9日 2021年4月15日	"十四五"期间支持科普事业发展及科技创新的进口税收优惠政策	2021年至2025年	关税、增值税、消费税
2021年4月21日	"十四五"期间种子种源进口税收优惠政策	2021年至2025年	增值税
2021年4月23日	对先进制造业实行增值税期末留抵退税政策	2021年4月1日起	增值税
2021年4月26日	继续执行企业、事业单位改制重组有关契税优惠政策	2021年至2023年	契税
2021年4月26日	中国国际消费品博览会展期内销售进口展品税收优惠政策	2021年4月26日	关税、增值税、消费税
2021年5月6日	继续延长扶贫货物捐赠免征增值税优惠政策	延长至2025年12月31日	增值税
	延长部分扶贫税收优惠政策		个人所得税
2021年7月15日	完善住房租赁税收政策（简易办法减按1.5%征收增值税等）	2021年10月1日起	增值税、房产税

续表

政策时间	减税政策	执行时间	涉及税种
2021年8月24日	延续城市维护建设税优惠政策	2021年9月1日起	城市维护建设税
2021年9月1日	中国国际服务贸易交易会展期内销售特定展品税收优惠政策	2021年至2023年	关税、增值税、消费税
2021年10月29日	制造业中小微企业（延缓缴纳2021年第四季度部分税费）	2021年11月1日起	企业所得税等
2021年12月31日	延续部分个人所得税优惠政策衔接（全年一次性奖金、上市公司股权激励、外籍个人有关津补贴等）		个人所得税
2022年2月28日	制造业中小微企业可缓缴增值税（缓期6个月）	2021年第四季度，2022年第一、第二季度	增值税
2022年3月1日	进一步实施小微企业"六税两费"减免并扩大适用范围	2022年至2024年	房产税、城镇土地使用税等
2022年3月2日	中小微企业设备、器具所得税税前扣除政策	2022年1月1日至2022年12月31日	企业所得税
2022年3月3日	航空和铁路运输企业分支机构暂停预缴增值税对于纳税人提供公共交通运输服务取得的收入免征增值税	2022年1月1日至2022年12月31日	增值税
2022年3月21日 2022年4月17日 2022年5月23日 2022年6月24日	加大对小微企业（含个体工商户）以及制造业等行业的增值税期末留抵退税制度		增值税
2022年3月14日	对符合条件的小微企业应纳税所得额超过100万元但不超过300万元的部分减按25%计入应纳税所得额，并按20%税率征收企业所得税	2022年至2024年	企业所得税
2022年3月24日	小规模纳税人适用3%征收率的应税销售收入，免征增值税；适用3%预征率的预缴增值税项目，暂停预缴增值税	2022年4月1日至2022年12月31日	增值税

续表

政策时间	减税政策	执行时间	涉及税种
2022年3月28日	增加3岁以下婴幼儿照护个人所得税专项附加扣除项目	2022年1月1日起	个人所得税
2022年4月29日	纳税人为居民提供生活必需品而取得的快递收派服务收入免征增值税	2022年5月1日至2022年12月31日	增值税
2022年5月31日	部分乘用车减征车辆购置税	2022年6月1日至2022年12月31日	车辆购置税
2022年6月7日	批发和零售业等7个行业全额退还增值税留抵税额		增值税

我国进入新发展阶段以来，减税政策的推行与落实一直都在为高质量发展提供源源不断的动力，尤其是面对新冠疫情的冲击和国际局势的动荡不安，我国在税收领域不断推出应对之策。一是给予中小企业，尤其是小微企业足够支持。这类企业的生存与发展关乎相当一部分群体的就业和收入来源，因此，一直都是减税政策的重点对象。在派发新的"政策红包"中，小微企业、小规模纳税人以及个体工商户依然是主要受益群体，通过提高小规模纳税人认定标准和起征点，对小微企业实施普惠性的税收减免，利用税收手段为小微企业和个体工商户解决融资问题等，有力激发了市场中小微主体的活力。二是将"以人民为中心"切实反映在税收政策上。随着个人所得税法的第七次修订，各类商品的流转税负以及舶来品的进口税费不断下降等，老百姓的可支配收入多了，同时也能在更多的商品获得中感受到更真实的效用和满足感。三是聚焦创新驱动力的发展。将研发费用加计扣除摊销的比例不断上调，并扩大至所有企业；延长创新企业亏损结转年限；对先进制造业实行增值税期末留抵退税政策；此外，科研人员因职务科技成果转化获得的现金奖励也可享受税收优惠等，表明了政策导向的精准性，提升了企业和研发人员的创新热情。四是积极应对疫情防控。从多项税种同时出发，推出减税政策的"组合拳"，包括支持复工复产的减免征收、延缓缴纳税款、鼓励公益捐赠等，加力加码为市场主体减负，为企业纾困解难。除此之外，在加大对外贸易，坚持多边合作，强调人与自然和谐共生，促进地区间协调发展等方面同样得到了来自减税政策的助推。

3.4 减税政策的成效与财政影响

据财政部统计数据,2013—2021年,我国累计新增减税降费达8.8万亿元,宏观税费由2012年的18.7%降至2021年的15.1%,表明我国的减税政策已落到实处,并取得了显著成效。

其一,减税力度大,切实降低企业、家庭和个人的税收负担。在过去的十年间,尤其是2018年以来,我国的减税力度不断加大,惠及面十分广泛,不论是企业,还是家庭和个人,都从中获得了实惠。以"十三五"期间为例,2016年,我国已全面完成"营改增",并实现所有试点企业税负只减不增,全年为企业减轻税负超5700亿元;2017年,对"营改增"政策进行完善,全年再次为企业减轻税负超1万亿元;2018年,降低制造业等行业的增值税税率,扩大享受税收优惠的小微企业范围,并出台鼓励研发创新等税收政策,全年为企业和个人减税降费约1.3万亿元;2019年,开始实施更大规模的减税降费,全年新增减税降费达2.36万亿元;2020年,面对突如其来的新冠疫情,全年新增减税降费超2.5万亿元;2021年和2022年,各项减税降费政策红利继续释放,其中,2021年新增减税降费约1.1万亿元,2022年新增减税降费及退税缓税超4.2万亿元[①]。

其二,涉及税种全面,并在减税的同时优化了税制结构。我国自2008年实施减税政策以来,绝非局限于某一税种之上,而是将税负的减轻任务放宽至几乎所有税种,大到增值税、营业税、所得税等大税种项目,小到车辆购置税、资源税等小税种项目,一一挖掘其减免空间。与此同时,我国的减税政策最区别于以往和他国的地方还在于,历经时间长,在减税的同时逐渐优化整体税制结构,如图3-2所示,各地区流转税比重基本呈下降趋势,在减轻我国宏观税负的同时,提升了税制的公平性。

其三,出台及时,有效降低了经济周期波动引发的负面影响。2008年的金融危机导致了全球经济的衰退,根据IMF的数据,金融危机之前的十年,全球经济增速达4.25%,金融危机之后的十一年,全球经济增速下降至

---

① 数据来源于网站公开信息。

第3章 减税政策的回顾与成效

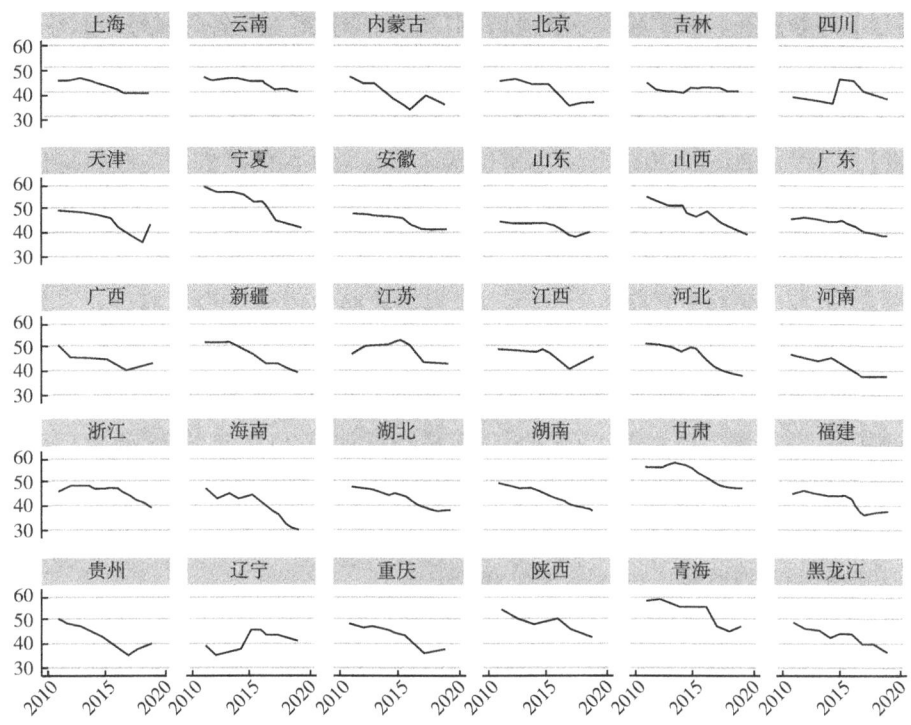

图 3－2　地方主要流转税占比趋势

注：（1）图中横坐标代表年份，纵坐标代表各地方税收总额中主要流转税占比。
（2）我国流转税主要包括营业税、增值税、消费税和关税，其中，地方流转税主要有营业税和增值税。随着"营改增"的全面落实，2016年及以前年度地方主要流转税占比为：（营业税＋增值税）／税收总额；2016年以后地方主要流转税占比为：增值税／税收总额。
资料来源：国家统计局。

3.4%。其中，美国2009年、2010年的GDP增速分别为－2.8%和2.5%；英国2009年、2010年的GDP增速分别为－4.51%和2.43%；法国2009年、2010年的GDP增速分别为－2.87%和1.97%。相较而言，我国金融危机后的经济依然保持着快速增长趋势，2009年、2010年的GDP增速分别为9.4%和10.6%，有力地带动了全球经济的增长。在此期间，各项减税政策的及时出台和良好配合可谓是发挥了关键性的作用。2020年新冠疫情的暴发再次给全球经济带来了重创，当年我国一枝独秀，将经济增速保持在2.2%，其他经济大国（GDP规模超万亿美元）全部出现下跌，如英国－9.9%、西班牙－11%、法国－8.3%、意大利－8.9%等。随后的两年里，伴随着疫情的有效防控，各国的经济也得到了复苏。在此期间，针对国内深受疫情影响的地区、群体和行业，各项减税政策及时到位，促使我国经济保持稳健增长。

其四，精准落地，有力支持了经济高质量发展。财政数据显示，"十三五"期间，为鼓励科技创新所涉及的税收减免金额累计达 2.54 万亿元，年均增长 28.5%；2015—2019 年，落实包括环保设备在内的投资抵免政策减免企业所得税由 23.3 亿元增加到 33.5 亿元，研发费用减免税额由 726 亿元提升至 3552 亿元，2020 年再次提升至 3600 亿元，年均增长 37.8%。在此过程中，制造业减免税费约 2.1 万亿元，成为本轮减免税金额最大的行业，各项税收优惠涉及的制造业、高新技术服务业等行业免税金额占比近九成，其中，中小微企业享受的税费优惠金额占比近七成。在减税降费的助力下，市场主体规模日益扩增，已由 2012 年的 0.55 亿户增加至 2021 年的 1.54 亿户，各类中小企业迅速发展，成为推动国家经济转型的重要力量①。

然而，随着我国减税政策的不断推出，政府财政减收，可支配财力下降，尤其是地方财政吃紧，面临一系列财政困境。

首先，地方整体层面。如表 3-4 所示，一方面，地方宏观税负 2011—2021 年由 8.42% 降至 7.29%。下降趋势始于 2015 年，且在之后的年份里一直处于平稳下降态势，这主要源于我国"营改增"的加快与全面推行，大大降低了地方税收来源。另一方面，我国地方财政收入增速自 2011 年以来处于波动下降态势，由最高峰的 29.8% 降至 2020 年的 -0.93%，随后由于疫情后的经济复苏又升至 10.93%；反观地方财政支出增速，虽也处于下降趋势，但 2015—2020 年一直处于收入增速的上方，而 2021 年的反常现象（即支出增速低于收入增速）很可能由于疫情后的第一年，经济回升，使得财政收入比前一年有了较大幅度的增长，而同年的财政支出则因 2020 年的财政紧缩无法维持高支出，因而相比于财政收入的增幅显得较为逊色。由此表明，我国的减税政策已在地方得到落实，但常年的减税工作使得地方整体的增收在面对增长更快的财政支出时会渐显吃力。

其次，各个地方财政层面。一方面，如图 3-3 所示，2011—2021 年，我国近半数省级地区的宏观税负未呈现出明显的下降趋势，其中的部分地区，如广东省、浙江省、河南省、湖南省等地甚至出现了税负的增长。这可能是由于分税制改革以来，我国财政汲取能力极大增强，财政收入占国民收入比重不断

---

① 数据来源于网站公开信息。

增长,即使在减税降费等政策举措下,这种增长趋势也无法在短期内扭转。

表 3-4　　　　2011—2021 年地方财政指标变动情况

财政指标	2011 年	2012 年	2013 年	2014 年	2015 年	2016 年	2017 年	2018 年	2019 年	2020 年	2021 年
地方宏观税负	8.42%	8.79%	9.09%	9.19%	9.10%	8.67%	8.25%	8.26%	7.80%	7.37%	7.29%
地方财政收入增速	29.38%	16.23%	12.99%	9.95%	9.39%	5.11%	4.85%	7.03%	3.25%	-0.93%	10.93%
地方财政支出增速	25.51%	15.59%	11.71%	7.91%	16.34%	6.66%	8.03%	8.64%	8.26%	3.36%	0.19%

资料来源:国家统计局。

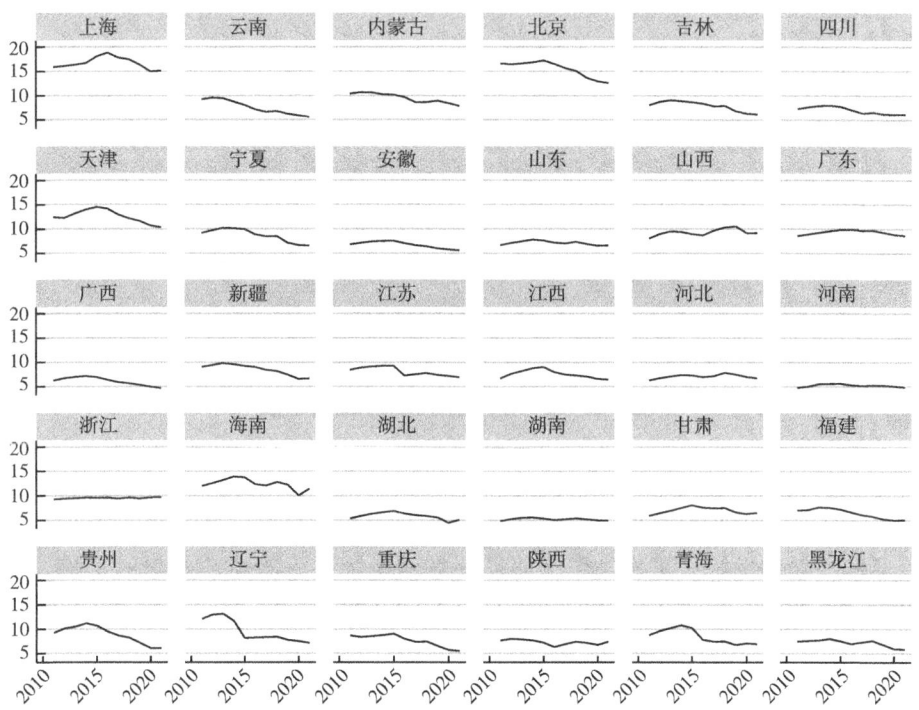

图 3-3　地方宏观税负变化趋势

注:图中横坐标代表年份,纵坐标代表各地方宏观税负(单位:%)。

另一方面,如图 3-4 所示,各地区的财政收入增长率和财政支出增长率都呈现出明显的下降趋势,且除少数地区,如广东省、青海省、山西省等地外,绝大部分地区的财政支出增长率普遍高于财政收入增长率。以上情况表明，若单独从某一地区的角度考虑，其宏观税负的变动趋势可能无法体现出当地政府的减税努力，减税政策的实施更可能使得各个地区原本的收入增长趋势有所放缓。与此同时，多数地区的财政压力日益凸显。

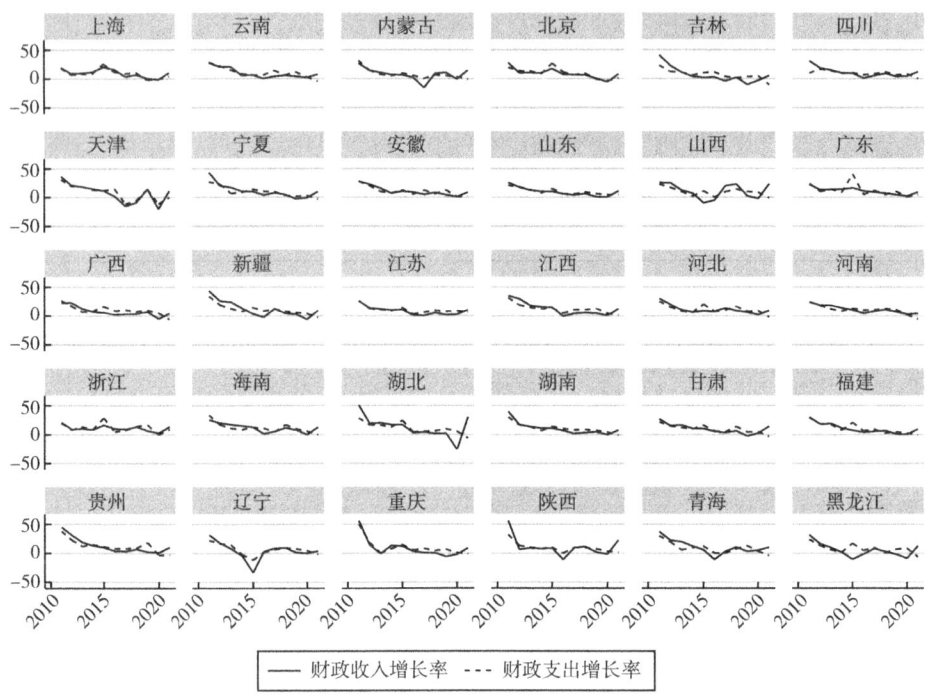

图3-4 地方财政收支增长率变化趋势

注：图中横坐标代表年份，纵坐标代表财政收入（支出）增长率（单位：%）。

总之，各项减税政策的有效落实，一方面成效显著，并为应对疫情、平稳经济波动等发挥了重要作用，而另一方面也为民生等财政支出的可持续性提出了挑战。

3.5 本章小结

本章主要对2008年金融危机后我国的各项减税政策加以梳理，从而把握我国减税政策的着力点。这些着力点主要体现在：鼓励创新；产业结构调整；激发企业活力，尤其是中小企业；保障基本民生；促进节能减排，强调人与自然和谐共生；积极应对疫情等。在此期间，我国的各项减税政策频繁出台，并相互配合，打好"组合拳"，取得了显著成效。然而，这一系列减税措施也引起了财政收支的显著变化。减税这一举措牵一发而动全身，既可能以乘数效应稳定经济增长趋势，也可以通过整体税制结构调整和部分税种优化改善收入分配格局，同时，还会加大地方财政收支缺口，从而影响各地方民生建设效果。由此可知，以上种种措施都会对共享发展的推进产生重要影响。

第4章

减税政策对共享发展的作用机理

共享社会发展成果、实现共同富裕是中华民族几千年的美好愿景。对于税收在其中的作用，早在春秋战国时期，著名思想家韩非子便主张以税收调节贫富差距，"故明主之治国也，适其时事以致财物，论其税赋以均贫富"①。党的二十大报告明确提出"正确把握共同富裕的实践途径，加大税收、社保等调节力度"，再次表明税改工作与共享发展存在一定的政策同步性。其中，短期发展阶段下，税收作为调控经济、调节分配的有力工具，必然会对此阶段的共享发展重心任务——收入增长与分配产生重要影响。长期发展阶段下，税收是各级政府保障民生领域不断发展的重要来源，势必会对该阶段的共享发展重心任务——各个领域全面共享有所影响。故而，本书将从这两个角度分别分析减税的实施对于共享发展的作用机理。

4.1 减税可助推短期视角下的共享发展

当前，我国正处于从中等收入国家迈向高收入国家阶段。习近平总书记指出："落实共享发展理念，'十三五'时期的任务和措施有很多，归结起来就是两个层面的事。一是充分调动人民群众的积极性、主动性、创造性，举全民之力推进中国特色社会主义事业，不断把'蛋糕'做大。二是把不断做大的'蛋糕'分好，让社会主义制度的优越性得到更充分体现，让人民有更

---

① 马金华，杨宏，刘宇. 税收学理下的共同富裕：历史逻辑、理论渊源与现实选择 [J]. 税务研究，2022（10）：5-11.

多的获得感。"① 由此说明,当前阶段的共享发展从本质上还应包括两个方面:一是发展,保持经济持续增长;二是共享,保证收入合理分配②。两者缺一不可。用具体的数学形式可表示为:

$$\text{MRS} = \frac{\mathrm{db}}{\mathrm{da}} \tag{1}$$

$$\text{VLC} = \frac{\mathrm{da}}{\mathrm{db}} \tag{2}$$

就共享发展整体而言,发展(a)与共享(b)是不完全替代关系,一方面,如式(1)所示,在共享发展总体水平不变的情况下,随着发展水平的不断提高,用一单位"发展"换取的"共享"将会越来越少;另一方面,如式(2)所示,随着共享程度的逐渐提升,用一单位"共享"换取的"发展"份额亦会逐渐减少。这表明做大"蛋糕"与分好"蛋糕"两者缺一不可,决不能采取以牺牲一方换取另一方的做法,而减税工作的开展能够同时发挥出"助增长"和"调分配"的双重作用,从而有力地提升共享发展整体水平。

4.1.1 财税政策与共享发展存在契合之势

党的十八届三中全会指出:"财政是国家治理的基础和重要支柱。"财税政策的制定已不再单单停留于经济领域,而是上升到国家治理范畴。如今,我国社会的主要矛盾已转化为人民日益增长的美好生活需要和不平衡不充分的发展之间的矛盾。不平衡,表明我国地区间、城乡间不同群体的差距较大;不充分,表明我国当前依然处于发展中国家行列,生产力水平还不发达。对此,必须站在国家治理的高度,继续推动经济社会高质量发展,并在此过程中将发展成果惠及全体人民,即实现共享发展。财税政策作为国家治理体系的重要组成部分,与共享发展存在天然的契合。

一方面,共享发展。"发展"乃是对生产力水平的体现,突出提高生产力、创造财富之义;"共享"乃是对生产关系的体现,突出社会成员对财富的享有方式。共享发展具有生产力与生产关系的双重特性。另一方面,财税

---

① 习近平. 深入理解新发展理念 [J]. 当代党员, 2019 (12): 4-9.
② 王与君. 析共同富裕的两个基本条件 [J]. 经济学家, 1999 (2): 75-79.

政策。其一，财税政策建立在经济活动基础之上，而这种经济活动所体现的便是社会生产力水平。其二，财税政策是政府有意识的宏观调控手段，对于生产关系具有重要的指引作用，表明了财税政策的双重属性，更说明了财税政策本身便与共享发展存在契合之势。因此，必须重视财税政策在共享发展推进中的重要作用，其中，减税工作作为关键性的一环，从经济效应角度，可以推动高质量发展；从调节效应角度，可以缩小居民间的收入差距。

4.1.2 以减税降费夯实共享发展的基础

发展新理念下的共享发展绝非类似于改革开放前的绝对平均，而是在经济持续稳定发展的同时共享成果，以经济发展奠定共享的基础保障。当前，我国已然步入了新的经济发展阶段，随之而来的是持续下行的经济增速和长期低位运行的消费指数等问题。对于如何缓解经济波动，扭转经济下行趋势，著名经济学家萨缪尔森（1948）早已指出，在宏观经济运行中的周期性波动可通过适当的税收调节得到缓解，从而将经济维持在一个正常的轨道上[①]。而面对经济的周期性下降，减税政策的设计与实施也已是各国普遍采用的手段。因为不论是从短期的需求侧角度，还是从长期的供给侧角度，减税政策的实施都将对经济的稳定发展起到重要作用。从2008年金融危机后我国实施的各项减税政策角度来看，减税这一政策工具是提振经济的"一剂良药"。

4.1.2.1 基于需求侧角度的减税促进经济增长机制

早期英国古典经济学从利己主义出发，认为经济活动中的所有人都会在市场这只"看不见的手"的引导下去选择对自己最有利的道路，这种引导可使得整个社会经济自然处于一种平衡发展的态势，因此，该学派竭力反对政府干预经济活动。这种自由的市场机制和政府不干预经济活动的理论维持了资本主义世界的经济稳定发展长达一个世纪，直到20世纪30年代爆发的经济危机打破了这种稳定的局面，以主张国家干预经济刺激有效需求的凯恩斯主义应时而生。凯恩斯主义的理论核心就是有效需求理论，认为要打破经济危机必须依靠政府的积极财政手段，包括通过减税、扩大政府开支等刺激需求，从而实现充分就业。其中，减税这一手段，对于家庭，尤其是低收入水

---

① 保罗·萨缪尔森，威廉·诺德豪斯. 经济学［M］. 北京：商务印书馆，2011.

平家庭来说，可直接提高居民的可支配收入，进而刺激产品消费。对于企业，可拉动企业投资，而消费和投资的增加会在乘数的作用下成倍拉动产出水平。具体推导如下。

假设在三部门经济中（不存在进出口），Y 为国民收入，C 为消费支出，G 为政府购买支出，I 为净投资支出，那么支出法下的 GDP 可表示为：

$$Y = C + I + G \tag{3}$$

其中，消费支出由两部分所组成，分别为自生消费 a（不随收入变动的硬性消费）和派生消费 bY_D（根据收入增加而导致的消费），Y_D 为收入 Y 减去税收 T 后的可支配收入，b 为边际消费倾向，即每增加 1 元收入所增加的消费。由此可得消费函数：

$$C = a + bY_D = a + b(Y - T) \tag{4}$$

对于税收 T，可进一步表示为 xY，x 为宏观税率，从而由式（3）、式（4）共同得出式（5）：

$$Y = a + b(Y - xY) + I + G \tag{5}$$

进一步推导的结果为：

$$Y = \frac{1}{1 - b(1 - x)}(a + I + G) \tag{6}$$

式（6）表明宏观税率的变动对国民收入的影响，且为负向影响，即宏观税率的下降会导致国民收入或经济产出的成倍增加，因此从总需求角度，减税政策的实施会成为刺激经济持续增长的有力助手。

4.1.2.2　基于供给侧角度的减税促进经济增长机制

20 世纪 70 年代美国经济一方面停滞不前，另一方面存在通货膨胀，这种"滞胀"引发了人们对于凯恩斯需求理论的质疑，并且寻求新的解决之路。以"拉弗曲线"为代表的供给学派开始兴起，并对里根政府的经济决策产生了重大影响。2018 年特朗普政府在供给学派的理论指导下在美国掀起了减税浪潮。与凯恩斯主义不同，供给学派将注意力更集中在供给端，认为需求会自动适应供给的变化，且主张的核心思想之一便是减税，拉弗曲线是其基本理论依据。如图 4-1 所示，税收收入与税率之间呈现的状态为曲线 OAB，在税率达到 C 点之前，随着税率的提高税收收入也会随之增加，但当税率超过 C 点，税收收入反而会随着税率的提高而减少，供给学派也因此把阴影区域 CAB 称为税率的"禁区"。

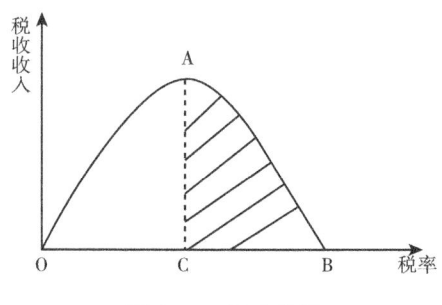

图 4-1 拉弗曲线

供给学派虽也推崇自由放任的经济理论，但并不是反对政府干预经济，而是反对过多干预。对于减税的经济增长作用，供给学派认为相较于减免税项目，直接降低税率更能从刺激投资、提高储蓄和激发工作积极性等方面助力经济增长。其一，高税率会使得消费相对于所放弃的收入更加合算，故降低税率可提升储蓄意愿，从而转化为投资以促进产出。其二，低税率会使劳动者的税后收入增加，提高闲暇的消费价格，劳动者会更倾向于用劳动代替闲暇，换言之，减税提高了人们的劳动积极性，更激励人们投入到共建事业当中。其三，减税一方面会提高企业的税后利润，以鼓励企业加大投资，尤其是对科技创新的研发投资，另一方面会增加高薪收入人群，该群体是劳动增长率提高的源泉，因此，减税有利于提升劳动生产率，从而提高供给水平。其四，过高的税率会迫使人们更倾向于从事地下经济活动以逃避税负，而这些活动往往是带有投机性的非生产活动，故减税还会通过减少市场主体的偷逃税行为以规范市场的正常运行，进而稳定经济良性发展。

4.1.2.3 新时期下我国减税降费促进经济增长机制

综上上述分析可知，无论站在何种角度，持有何种观点，经济学派普遍认同减税对经济增长的促进作用，从我国金融危机后多年实施的减税政策和效果来看，减税也的确为我国经济持续发展提供了动力。其一，科技是第一生产力，减税有助于增强科技创新能力。科技创新过程会打破原有要素的组合方式，将经济由低层次的运行状态推向高层次的运转状态，从而拉动经济增长。从减税政策的梳理中可以看出，近年来，我国不断上调企业研发费用加计扣除的摊销比例，对先进制造业实行增值税期末留底退税政策，并对新兴产业进口业务实行优惠政策等，种种支持企业科技创新发展的税收优惠政策持续提升我国科技实力和创新能力。近十年统计年鉴数据显示,2021年我国发明专利申请数较2012年增长了近1.5倍,规模以上工业企业新产品项目数较2012年增长了近2倍。由此可以看出,减税赋能科技创新,进而为我国经济高质量发展注入源源不断的动力。其二,支持构建现代化产业体系,加固经济增长的产业基础。随着"营改增"的全面完成和增值税税率的下调,针对先进制造业、文化产业等的税收优惠政策极大支持了产业发展和现代化产业体系的形成。如增值税税率的不断下调,不仅有助于降低上游企业的原材料价格,也能同步降低下游企业的产品价格,从而促使整条产业链共同为市场提供高效能、高性价比的产品。与此同时,对特色产业、中小企业实行税收减免,可鼓励其形成聚集发展和多元化发展之势。综合而言,通过减税方向的引领,带动市场主体的跟投,推动重点领域产业链加速形成,为经济持续增长塑造新引擎。其三,优化资源配置,提高经济循环效率。对于经济新发展格局的形成,还需保障资源的流动畅通且配置合理。对此,一方面,通过完善增值税抵扣机制,可促进生产要素在各个流通环节有效运行;另一方面,通过税收优惠的引导,促使资源要素流向优势地区,尤其是欠发达地区,从而在提高资源配置效率的同时,缩小地区间的发展差距。其四,稳定就业,激发人民建设的积极性。共享发展的主体是全体人民,只有让人民群体切实感受到减税带来的好处,才能更好地激发其共建活力。"十三五"期间,全国新增减税降费累计超过7.6万亿元,且相关政策出台速度快、涉及税费多、减免方式灵活、针对性强、受益群体广,为保障企业持续发展、个人可支配收入稳中增长注入了强劲动力。同时,为保证政策精准直达受益群体,各地税务部门多渠道、广覆盖开展税费优惠政策宣传辅导,并利用税收大数据准确查找各类潜在扶持对象,保障减税降费政策的有效落实,增强广大受益群体的切实感受。通过这种藏富于民的方式,更大程度地调动人民群众推动社会主义事业建设的主动性,从而促进经济发展的车轮滚滚向前。

4.1.3 以减税为契机改善分配制度

改革开放以来,我国国民生产总值年年增长,人民生活水平有了很大提高,但随着经济的发展,不同社会群体间的差距也日益凸显。这种两极分化现象不仅影响了个体生存与发展,也使得社会整体利益无法得到保障,更是与共享发展理念下全体人民公平享有一切发展成果相违背。在此形势下，完善三次分配制度是缩小群体间的收益差距、维护社会公平正义、保障全体成员共享发展成果的重要手段。在此过程中，税收是关键性的抓手。

4.1.3.1 不同分配阶段下减税政策的调节作用

图4-2展示了国民收入分配过程以及税收在其中的调节机制，可以看出，前文所梳理的我国近年来实施的减税政策会在各个阶段发挥调节作用。首先，初次分配阶段。任何生产活动都离不开资本、土地、劳动等生产要素，在市场经济条件下，国民收入按照各要素的贡献加以分配。初次分配鼓励创新创业、合法经营、劳动致富，注重经济效率，因此，从税收角度更需要保持税收中性，以避免效率损失。对此，我国近年来对增值税税率的简并、对抵扣链的完善十分有益于维持税收中性，减少了征税过程对市场正常运行的干扰。然而，随着我国不平衡程度的加深，居民收入差距日益拉大，初级分配阶段也被要求注入"公平因子"。一是通过降低部分生活必需品的进口关税，扩大日用消费品的降税范围，进而从支出端缩小居民间的差距。二是通过完善资源税、环境保护税等降低负外部性和垄断风险，以改善要素间因非公平竞争而造成的不公平分配。其次，再分配阶段。再分配阶段是政府运用税收、转移支付等手段在初次分配基础上，进行矫正性调节。该阶段更加注

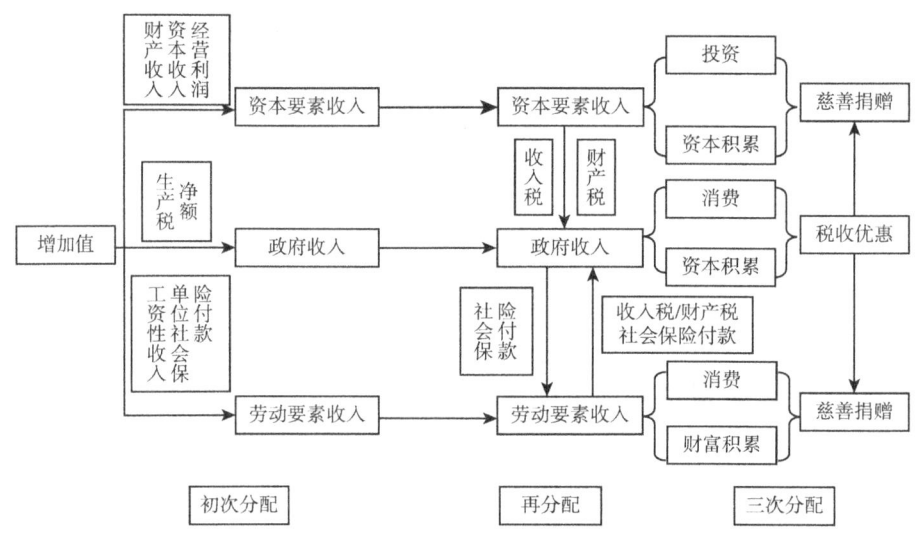

图4-2　国民收入分配过程及税收在其中的调节机制

重公平，试图形成橄榄型的分配结构。其中，所得税和财产税是关键性税种。就所得税而言，通过个税改革可降低劳动要素边际税率，提高工薪层级的收入，缩小劳动要素与资本要素的收入差距；对小微企业、个体工商户实行种种税收优惠，有助于缩小企业间的利益差距，从而进一步缩小群体间的收入差距。就财产税而言，可通过对财富存量的调节达到缩小居民差距的目的。最后，三次分配阶段。第三次分配是社会主体通过捐赠的方式对所属财富的重新分配，也是对初次分配和再分配的有益补充。通过实施扶贫货物捐赠免征增值税的优惠政策及其他扶贫税收优惠政策，可积极引导社会资源流动，尤其是鼓舞能力较强的社会主体积极参与三次分配。

4.1.3.2 不同收入差距问题下减税政策的调节作用

针对我国当前普遍存在的地区间收入差异、城乡间收入差距，以及群体间收入差距问题，也可通过针对性的减税举措予以解决。其中，对于调节城乡间与地区间的收入不平等问题，可通过差别性的税收优惠得以解决，如给予农产品，与农业相关的原材料、半成品增值税优惠，以减轻农民的成本负担，增加其可支配收入；延续西部地区所实行的企业所得税等税收优惠政策，以减轻当地企业负担，从而更好地为当地创收。对于群体间的收入不平等问题，完善的个税税制能够基于量能负担，对不同层次的收入额设定不同的税率，收入越高者承担的税负越重，由此便会有力地调节低收入群体和高收入群体间的收入差距。从上述对减税政策的梳理中可发现，我国近年来对中小企业，尤其是小微企业的优惠政策力度不断加强，这一举措同样有利于缩小群体间、城乡间的差距。起步晚、规模小、无名气的小微企业往往是低技能劳动者（低收入群体）或进城务工人员的就业场所，因此，通过减税促进小微企业发展不仅有利于保障低收入劳动者群体的稳定收入来源，也为更多的农民工增加了就业增收的机会。

综上所述，可以以减税为契机，完善我国税收制度，发挥现代财税体制建设在完善分配制度方面的积极作用，以此保障不同群体必要的生活水平和消费能力，从而共享经济发展成果。

4.1.4 减税过程中税收结构优化的作用机制

我国减税政策的实施并非短期的，也绝非试图一步到位，而是在顺应宏观经济的变化中不断探索和调整。通过图3-2可以看出，我国减税政策的规划和深入，不仅有力地减缓了各地区的税收增长趋势，还涉及整体税收结构的调整与优化。尤其是"营改增"的全面完成，以及增值税税率的不断下调，各地方主要流转税比重不断下降，这一结果也会作用于短期视角下的共享发展。

工业革命后，发达国家的税收结构逐渐由以间接税为主转变为以直接税为主，而对税收结构调整影响最为重要的因素便是社会经济发展水平。在社会经济发展水平较低时，税收结构以间接税为主体，以直接税为补充。这一阶段主要以提高经济效率为目标，且税收征管不完善，故关税和对特定商品征收的消费税成为政府税收主要来源。随着社会经济发展水平的提升，国民收入的快速增长，以及税收征管体系的逐渐完善，政府对于国家的治理也从效率转向公平。这一阶段以直接税（特别是所得税和社会保障税）为主体，以间接税为补充。不同阶段下的税收结构对共享发展的影响机制也有不同。

以间接税为主、直接税为辅的税收结构因易于税负转嫁而具有较高的隐蔽性，故有利于为政府筹集财政收入，但其中的弊端也较为明显。一方面，间接税的存在易引起商品价格扭曲，且由于易转嫁而增加了消费者的实际购买价格，不利于扩大国内消费和促进经济稳定发展。另一方面，间接税的累退性不利于发挥税收工具的调节作用。若假设间接税税负能够完全转嫁，此时根据边际消费倾向递减规律，低收入群体的消费支出占收入比重要高于高收入群体，导致低收入群体的实际税负也高于高收入群体。虽然对生活必需品设置低税率或免税，对奢侈品设置高税率有助于改善这种累退现象，但这一做法不符合税收中性的原则，因此，更合理的做法在于降低间接税比重，逐步形成以直接税为主、间接税为辅的税收结构。由于直接税难以转嫁，且具有较强的累进性，因而在减少不平等和增进社会福利等方面的政策效果会更加精准。我国经济发展水平日益提升，国民财富不断积累，为直接税带来了更为丰富的税源，此外，更为健全的市场组织结构和税收征管体系也为加强直接税征收、提高直接税比重营造了良好的外部环境。因此，我国减税工作的深入开展和对税收结构的继续优化，将有益于提高要素配置效率，缩小贫富差距，促使发展成果更广泛地惠及社会主义事业建设中的全体人民。

通过以上分析，本书提出研究假设1：减税政策的实施有助于推进短期视角下的共享发展，在此过程中，税收结构的优化亦有助于促进共享发展。

4.2 持续减税可能会对长期视角下的共享发展形成阻碍

共享发展是我国推动高质量发展的根本目标，从共享发展的内涵和具体表现形式出发，长期视角下的共享发展理应是全体社会成员在教育、文化、健康、就业等方面都有均等的机会。换言之，第一，完备的社会保障体系全面建立，真正做到幼有所育、学有所教、劳有所得、病有所医、老有所养、住有所居、弱有所扶，以满足全体社会成员的生存需求；第二，合理的社会公平体制全面建立，以保障所有社会成员必须在一定程度上拥有平等的机会，不论处于社会的何种位置均能公平竞争，从而获取更好的教育机会、就业机会、晋升机会以及改善生活水平的机会等。对此，还需在五位一体的格局下全面发展民生事业，这也意味着需要大量的资金投入，那么，关键问题就是资金来源、投入保障和使用效益。

首先，资金来源。税收无疑应作为首选，主要原因有：第一，民生事业的全面发展需要资金的持续投入，而其他资金来源，或是一次性、短期性行为，或是存有较大不确定性，反观税收是固定且强制性的征收行为，能够持续稳定地提供相应资金。第二，税收的本质在于"取之于民，用之于民"。不同于其他形式的财政收入，税收更体现为公共产品的价格。由于非竞争性、非排他性、外部性，公共品的供给难以通过市场供求机制得以实现，必须通过政府部门提供。相应地，为了维持政府机构的运作以及有效地提供居民所需的各项公共品，政府必须通过征税获取财政收入，再通过财政支出的方式提供公共品。可见，税收的征用不仅代表了国家的意志，更体现出全体社会公民的意志，真正做到"取之于民，用之于民"，更要造福于民。基于以上理由，对于长期视角下共享发展的推进，实现全体社会成员全面发展与共同进步，巩固税收来源是至关重要的。

其次，投入保障。不论是何种形式、何种来源的税收，都代表政府对部分国民收入的占有和人民可支配收入的减少，故从我国历史发展来看，减免赋税、造福于民历来是社会兴旺、时代进步的标志。如今，减税降费、藏富于民更是我国一项长期税收政策，尤其是2018年以来，大规模、普惠性的减税降费给纳税人带来了实惠,然而,关于该政策的长期性和可行性,还需以我国新时期下的发展目标为导向。具体而言,税负的高低不仅是政府和纳税人之间的博弈,也体现了政府发展民生事业的能力。若一个社会的税负过低,便意味着所筹集的公共资金十分有限,那么,在教育、医疗、环境等方面提供的民生保障或是有所不足,或是存在质量上的瑕疵,从而直接影响长期视角下共享发展的推进,即部分社会成员难以获取自身生存发展所需的公共服务,甚至导致该群体及其后代在社会竞争中处于先天劣势,危及不同成员间的机会平等。鉴于此,对于减税政策的规划不能仅停留在短期视角下的发展目标,还需立足于为长期视角下发展目标的实现提供保障。

最后,资金的使用效益。全面构建保障有力、公平正义的民生服务体系,需要各级政府的密切配合,尤其是各地方政府的积极作为。而从财政的角度,不仅要确保资金足以保障民生领域的建设与发展,更要结合当地最为关注的民生问题来确定支出重点,提高支出效益,将供给与需求相匹配。

总之,在长期视角下全民全面共享的推进过程中相应资金的来源、投入保障及使用效益缺一不可,其中,资金来源重在回答"资金从哪里来";投入保障重在回答"资金投入力度够不够";使用效益则重在回答"资金使用得好不好"。通过前述分析已知税收应作为最佳来源,对于后面两项问题还需深入分析。一方面,我国减税政策的持续实施,会直接引发地方税收能力的不足和财政压力,这是否会影响到各地民生领域资金的保障能力?另一方面,若民生领域的资金保障并未受到冲击,则说明除税收来源外,地方政府已越来越依靠其他资金来源发展民生事业,由此,便会造成财政收支的不对应,即本应由税收供应的民生领域公共服务,转由其他资金来源供应,是否会对民生领域的支出效益产生影响?

4.2.1 减税执行下对地方民生领域投入保障的影响

根据学者们的普遍研究,在财政分权和地方政府支出偏好的理性选择下,民生领域的公共服务往往会呈现出供给不足的状态,那么,将长期性减税任务纳入考虑后,所造成的财政压力是否会进一步降低民生领域的投入保障?本书先通过理论层面加以说明。

对于地方民生领域的投入保障,可分别从绝对值角度和相对值角度衡量。

其中，从绝对值角度，可由历年各地方民生支出规模予以表示；从相对值角度，可由历年各地方民生支出偏向，即财政一般预算支出中民生支出所占比重予以表示。那么，减税对于地方民生领域投入保障的影响也应从这两个角度展开。

4.2.1.1 减税对地方民生支出规模的影响

一般而言，税收作为政府最主要的自有收入，其收入水平的下降会从两个方面影响地方民生支出规模。其一，税收的减少意味着本辖区居民经济成本（税负）的下降，即民众所享有的各类公共服务价格的降低，由此会增加当地民众对公共服务的需求，尤其是增加与自身生存和发展密切相关的各类民生性公共服务的需求。随着民众需求的增长，为了维护当地的社会稳定，地方政府会增加民生领域的投入规模。其二，税收的减少会导致地方政府自有收入水平的降低，亦会通过收入效应减少当地民生支出水平。由此可见，减税过程会通过前一种机制增加地方民生支出规模，也会通过后一种机制减少地方民生支出规模。具体到我国，随着各地区减税政策的执行，其自有财力水平不断下降，为确保各地方应有的财力水平，中央会加大对各地方的转移支付力度。而与自有财力不同，转移支付资金的使用多是遵循中央意志，在保民生的任务目标下，地方会将更多的转移支付资金投入相应的民生领域，以保障当地民生支出规模随着民生事业的发展要求稳定增长。如图4-3所示，2012—2021年地方政府在三大民生性公共服务领域内（教育、社会保障与就业、医疗卫生）的财政支出呈现不断增长的趋势。由此表明，减税虽然

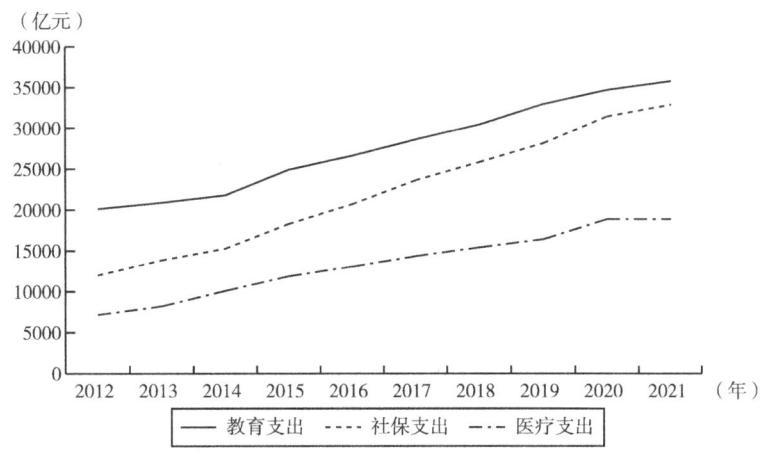

图4-3　地方主要民生性公共服务支出水平变动趋势

资料来源：国家统计局。

会造成地方政府自有财力的不足，但不会因此影响到各地的民生支出规模。

4.2.1.2 减税对地方民生支出偏向的影响

在我国长期以 GDP 为主要指标的政绩考核下，作为理性经济人的地方政府会通过财政支出的投入决策最大化经济产出。在此过程中，地方政府在公共支出领域内所提供的两类公共服务——生产性公共服务和民生性公共服务，会通过直接或间接的方式作用于经济增长。其中，生产性公共服务会通过对各类基建设施设备的优化改造以提高生产效率，从而直接促进本地经济的增长。而民生性公共服务虽不会直接作用于生产，但会通过对民生领域的保障，从而推进社会福利的完善和人力资本的累积，间接作用于经济增长。因此，本书在原经典生产函数中将两类公共服务也纳入其中，以反映政府的支出决策对产出的影响。而地方政府的最优选择便是在两类公共服务的支出结构上寻求一个最优点，以最大化经济产出，如式（7）所示。

$$MaxF(H_t, S_t) = A_t K_t^{\alpha} L_t^{\beta} H_t^{\theta} S_t^{\eta} \tag{7}$$

其中，F 为经济产出，A_t 为全要素生产率，K_t 为资本投入，L_t 为劳动力投入，H_t 为生产性公共服务投入，S_t 为民生性公共服务投入，系数 α、β、θ、η 分别为各投入要素的生产弹性系数。

同时，参考胡洪曙、伍锶芪（2019）[①] 的做法，将地方政府公共服务支出所面临的收入约束设为式（8）。

$$T_t + TR_t - H_t - S_t = 0 \tag{8}$$

式中，T_t 为地方政府的税收收入，TR_t 为地方政府所获取的净转移支付收入。依然令 x 为宏观税率，T_t 便可由 $xF(H_t, S_t)$ 表示。

由此可得带约束的拉格朗日方程：

$$L(H_t, S_t, \lambda) = F(H_t, S_t) - \lambda(xF(H_t, S_t) + TR_t - H_t - S_t) \tag{9}$$

为获取在两类公共服务支出上所能达到的最佳比例以实现当地经济产出的最大化水平，该拉格朗日函数需同时满足下列条件：

$$\frac{\partial L}{\partial H_t} = \frac{\theta F(H_t, S_t)}{H_t} - \lambda \left(\frac{x\theta F(H_t, S_t)}{H_t} - 1 \right) = 0 \tag{10}$$

$$\frac{\partial L}{\partial S_t} = \frac{\eta F(H_t, S_t)}{S_t} - \lambda \left(\frac{x\eta F(H_t, S_t)}{S_t} - 1 \right) = 0 \tag{11}$$

---

① 胡洪曙，伍锶芪. 基于获得感提升的基本公共服务供给结构优化研究［J］. 财贸经济，2019，40（12）：35–49.

$$\frac{\partial L}{\partial \lambda} = xF(H_t, S_t) + TR_t - H_t - S_t = 0 \tag{12}$$

通过对式（10）—式（12）的联立求解，可得出民生类公共服务在地方上的最佳供给水平为：

$$S_t = \frac{\eta[xF(H_t, S_t) + TR_t]}{\theta + \eta} \tag{13}$$

由式（8）和式（13）可求解民生类公共服务支出偏向为：

$$\frac{S_t}{S_t + H_t} = \frac{\eta}{\eta + \theta} \tag{14}$$

从中可以看出，在不考虑其他因素的情况下，地方公共服务的支出偏向主要由其生产弹性决定，即相应公共服务的投入对产出的贡献度越大，地方政府便更倾向于该类公共服务的投入。换言之，长期减税执行下所带来的税收变动不会直接引发地方政府对民生领域支出偏向的改变。

综合而言，在持续性、规模性的减税任务执行下，各地方政府原有的税收收入深受冲击，自有财力上的压力日益凸显，但不会影响到各地民生领域的投入力度，在税收无法作为主要资金来源以保障当地民生事业发展的境地下，地方政府依然会通过其他资金渠道提供民生类公共服务。

4.2.2　减税执行下对地方民生领域支出效益的影响

在上述分析中可知，一方面，税收应被作为政府发展民生事业的主要资金来源，以促进全体公民真正实现对全领域发展成果的共享；另一方面，长期减税政策的执行和减税力度的层层加码，会迫使地方政府更加依靠其他资金来源发展当地民生事业。这是否会对地方民生领域支出效益产生影响？本书依然先通过理论层面加以分析。

Tiebout（1956）开创了地方公共品理论，认为空间的流动性提供了类似于私人市场选择的对应物，即地方公共品[①]。由于地方政府更了解当地居民对公共品的偏好，更能准确地满足地方居民对公共品的需求，因而，地方政

---

① Tiebout. A Pure Theory of Local Expenditures [J]. The Journal of Political Economy, 1956, 64 (5): 416-424.

府应是地方公共品的提供主体①，由其提供当地公共品能够尽力避免福利损失。具体说明如图 4-4 所示，假设某一国家只有两个地区 W 和 V，且两个地区的居民对于公共品的偏好有所不同，但同一地区内的居民拥有着相同的公共品偏好。线 D_1 和线 D_2 分别代表 W 地区和 V 地区居民对公共品的需求，且 V 地区居民的公共品需求要大于 W 地区居民的公共品需求。同时假设各地区的公共品人均成本（税赋）相同，均为 OP，此时，W 地区居民对公共品的需求量为 Q_1，V 地区居民对公共品的需求量为 Q_2。若由各地区政府提供公共品，可使得当地公共品的提供量接近居民的需求水平；若由中央政府统一提供公共品，为公平起见，只能对两地居民的需求量折中，从而只会存在 Q_c 供应量。在此情况下，对于 W 地区居民而言，中央政府所提供的公共品 Q_c 超过了其需求量 Q_1，由于人均成本相同，因此该地区的成本超过收益，所承担的福利损失如图中的 $\triangle ABC$ 面积。对于 V 地区居民而言，中央政府所提供的 Q_c 不足以满足其需求量 Q_2，同理，该地区依然会由于供需不对等而承担 $\triangle CDE$ 面积的福利损失。由此可见，若由中央政府统一规划地方的公共品提供将会造成各地方的福利损失。从图 4-4 中可进一步看出，福利损失大小与两地居民真实需求 Q_1、Q_2 间的差异及各地居民需求的价格弹性（D_1、D_2 斜率）有关。具体而言，一国各地居民间的需求差异越大，所造成的福利损失越大；各地居民对公共品的需求价格弹性越小，所形成的福利损失越大。故一国范围内各地的公共品需求差异越大，在需求的价格弹性都比较小的情况下，由中央政府统一提供公共产品所带来的效率损失越大。

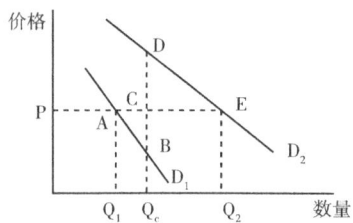

图 4-4　地方公共品由中央统一提供的福利损失

---

① Stigler. The Tenable Range of Functions of Local Government [M] //Federal Expenditure Policy for Economic Growth and Stability. Washington, D. C.：Joint Economic Committee, Subcommittee on Fiscal Politics, 1957.

我国南北间、东西间的跨度较大，地域间的不同居民对于公共品的真实需求差异较大，同时，民生领域的公共品如教育、医疗、养老、住房等大多为必需品，即各地区居民对该类公共品的需求价格弹性小。因此，从我国现实出发，首先应确定由各地方政府作为发展当地民生事业的责任主体，为当地居民提供与其生存和发展有关的各类公共品，能够提高财政在民生领域的支出效益。然而，近年来在减税政策的大力实施下，各地方税收收入在一般公共预算收支中所占比重不断下滑，这意味着地方政府提供公共品的能力有所减弱[1]。而出于保障民生考虑，中央政府会加大对各地方的转移支付力度，以保障民生刚性支出的需要。但划拨资金往往有指定用途，缺乏使用上的灵活性，在此情况下，易演变为"地方依靠中央支付资金执行中央支出意志"，换言之，这不仅是表面上民生发展资金来源的改变，更是深层面的民生发展责任主体的移位，会造成各地民生类公共品提供中的福利损失，即降低财政资金在民生事业发展中的使用效益。

其次，地方政府应有清晰的公共支出目标，即所提供的公共品应当与其资金来源有一定的对应性[2]，从而更能提高地方公共品的支出效益和提供水平。如前文所言，税收不仅是各级政府自有收入中最稳定、最具有可增长性的来源，而且从其本质出发，应做到取之于民，用之于民，因而，最适合成为各地方政府发展当地民生事业，提供本地民生类公共服务的财力保障。那么，当地方在减税政策的执行下越来越依靠其他资金来源时，便会造成地方民生类公共品的提供与收入来源的不对应愈加严重，加之对于上级财政拨款更是本着"不是自己的钱花着不心疼"的想法，便会进一步加大这种效率损失。

综上所述，长期视角下共享发展的实现必须依靠大力构建全方位、有保障、均等化的民生服务体系，对此，相关投入资金的稳定性、充足性、效益性是确保民生服务体系构建是否顺利的关键。随着减税力度的不断加大，地方自有财力水平日显不足，虽然不会影响民生领域投入资金的保障程度，但不免会降低相关资金的使用效益，从而影响部分居民对公共权益的享有程度，

---

[1] 蔡红英，魏涛，陶东杰. 地方公共品提供与收入筹集的各国实践及启示 [J]. 税务研究，2021 (10)：22–25.

[2] 朱为群，唐善永，缑长艳. 地方税的定位逻辑及其改革设想 [J]. 税务研究，2015 (2)：51–56.

阻碍共享发展水平的提升。

需要特别说明的是，正如短期视角中所言，政府的减税之举蕴含着放水养鱼的功效，有助于推动经济增长，夯实共享发展的基础，由此，亦能扩大地方税基，从而保障地方政府的税收来源持续不断。但若因此将减税作为一项长久性，甚至是持续性的政策举措，则会导致各级政府的财力缺乏。一方面，从我国的经济增长趋势（见图 4-5）和部分发达国家与发展中国家的经济增长对比（见图 4-6）中可以看出，一国的经济无法始终保持快速增长的势头。或是经济基数的变大，如发达国家的经济总量高于发展中国家，或是政府政策导向的改变，如我国已从热衷于 GDP 增长逐渐转向绿色发展、民生工程等领域，都会导致经济由快速增长趋势转为平稳甚至是低速增长状态。另一方面，由拉弗曲线（见图 4-1）可知，只有当国家的宏观税负进入"禁区"后，减税引起的税率下降才会有助于税收收入的增长，反之，未达到"禁区"的税率，若依然保持降低趋势，势必会减少政府的税收收入。

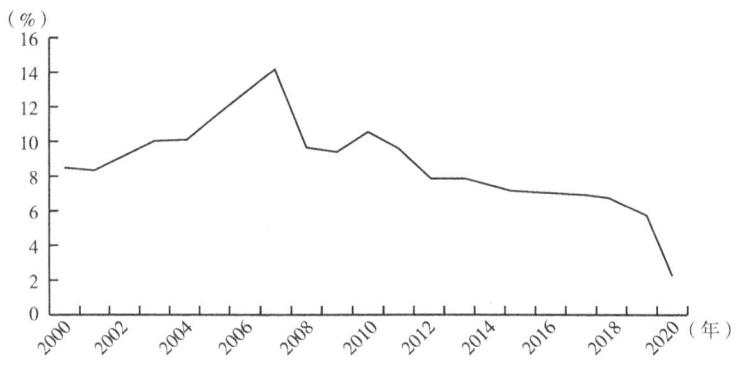

图 4-5 我国 GDP 增长率变化趋势

资料来源：网站公开信息。

由此不难看出，首先，随着我国经济的发展并位于发达国家之列后，不论是从经济基数考虑，还是从政府政策倾向考量，我国的经济增长势头都无法继续保持在短期视角中的水平，因此，试图以扩大税基避免减税引起的税收下降的方法不再行之有效。其次，若一直坚持减税的政策方向，我国的宏观税负必然会维持在"禁区"前，此时的减税行为只会引起政府的税收损失。

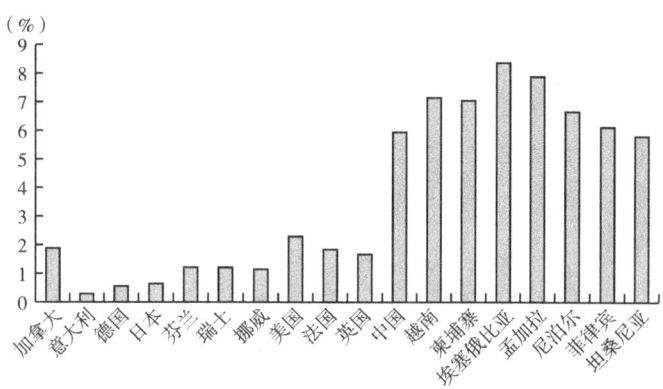

图4-6 部分国家2019年GDP增长率

注：考虑到2020年疫情的暴发会对各国的经济增长产生外界干扰，故选择2019年对各国的经济增长进行对比。

资料来源：网站公开信息。

根据上述理论分析，本书提出研究假设2：减税所引起的地方政府自有财力上的缺乏会阻碍长期视角下的共享发展，且这种阻碍主要体现在民生领域支出效率的降低上。

4.3 本章小结

本章具体分析了减税政策对共享发展的作用机理。

一方面，短期视角下的共享发展包括"发展"和"共享"两个层面。从"发展"层面出发，不论是从短期的需求侧角度，还是从长期的供给侧角度，减税政策的实施都将对经济的稳定发展起到重要作用。从2008年金融危机后我国实施的各项减税政策来看，减税这一政策工具是提振经济的"一剂良药"。从"共享"层面出发，对于我国当前城乡间、地区间、群体间的利益分配差异凸显问题，完善三次分配制度是缓解群体间的收益差距、维护社会公平正义、保障全体成员共享发展成果的重要手段，在此过程中，税收可作为关键性的抓手。因此，减税这一举措可通过保障共享发展的基础前提，改善利益分配格局，从而助推短期视角下的共享发展。

另一方面，长期视角下的共享发展应是达到教育、医疗、文化等各个与居民生存发展紧密相关的多层次、大分配领域的高级共享或全面共享。对此，我国的民生工程建设是关键，这也意味着需要大量的财政资金投入，那么，关键问题就是资金的来源、投入保障和使用效益。通过理论分析可知，税收应作为民生建设资金的主要来源，而减税则会通过引起地方政府自有财力上的缺乏而阻碍共享发展，且与民生投入保障相比，这种阻碍更体现在民生领域支出效益的降低上。

第 5 章

我国共享发展的现状测度及分析

在对共享发展的概念和主要表现形式界定的基础上，对我国各省级地区（由于部分数据缺失，不包括西藏、香港、澳门、台湾）2011—2020 年的共享发展程度加以测度，据此阐述其现实状况，并以此为本书的进一步研究提供现实依据与基础数据。

5.1 共享发展的评价设计

5.1.1 指标体系构建原则

共享发展指标体系的建立是本书研究的实证基础，亦是关键性环节，因此，必须遵循一定的原则，从而能够全面科学地反映我国共享发展的成效与不足。其中，不仅要满足指标选取的一般性原则，更要考虑到共享发展的特殊性原则。

5.1.1.1 指标构建的一般性原则

指标体系的设计要能够满足相关研究的总体目标，因此，必须依据的原则有：一是坚持全面性和可操作性相结合。所选取的指标要尽可能完备，能够从各个角度衡量研究对象现状，但同时也要考虑相应数据的可获取性和完整性。二是坚持科学性与可比性相结合。所构建的指标体系要能客观真实地测度和反映研究对象，也要能形成对比之势，不仅能够形成时间上的纵向对比，还能进行地区间的横向对比。三是坚持整体性与层次性相结合。对于研究对象的评价，既要从整体上有所把握，更要从不同层次和维度反映研究对象的主要特征与症结所在。四是所选取的具体指标还应具有代表性，避免子系统间的重复交叉。

5.1.1.2 共享发展指标体系构建的特殊性原则

从共享发展本身角度出发还应当遵循如下原则：

其一，要通过构建综合性的指标体系完整系统地测度我国共享发展状况。通过文献的梳理可发现，虽然部分学者会通过收入、消费等单一指标或双项指标来描绘我国共享发展现状，但新发展理念下的共享发展内涵十分丰富，目标任务多维，仅依靠一两个指标难以准确刻画其动态状况。因此，必须构建多层次、多领域的综合指标体系，从而全面系统地测度与评价。其二，必须紧紧围绕共享发展的内涵。例如，要体现出我国发展成果的共享主体是全体人民，能够刻画全体人民共享发展的基本状态；要体现出我国共享的丰富内容，是既包括物质层面，也包括精神层面的全面共享；要体现出全员参与的过程，不仅要共享成果，也要为社会主义建设和发展共同出力；要体现出渐进性，表明共享发展绝非一蹴而就。其三，要按照不同阶段下的重点任务目标有侧重地构建指标体系。共享发展并非一成不变的静止状态，而是一个随着不同历史阶段演进而动态发展的过程，并且在不同发展阶段，共享发展的侧重点会有较大差异，因此，新发展阶段下的共享发展评价体系的建立必须立足于其目标的长远性和任务的动态性[①]。

在上述原则的基础上，本章从短长期不同视角出发，分别设计具体指标体系以评价我国共享发展的现实水平。

5.1.2 短期视角下共享发展的评价设计

短期内我国还处于由中等收入国家迈向高等收入国家的进程当中，在此阶段，共享发展的核心任务应主要聚集于物质层面，即将"蛋糕"做大的同时注重分好"蛋糕"，这已在各位学者中达成了共识。现阶段的共享发展用经济增长和收入分配两个维度衡量是合适的（王与君，1999[②]）。对此，已有

---

① 钞小静，任保平. 新发展阶段共同富裕理论内涵及评价指标体系构建 [J]. 财经问题研究，2022（7）：3–11.

② 王与君. 析共同富裕的两个基本条件 [J]. 经济学家，1999（2）：75–79.

学者进行了详细的讨论,其中,较具代表性的是万海远、陈基平(2021)[①]分别用人均国民收入衡量发展水平,用人均可支配收入基尼系数来反映社会共享程度,并通过几何平均公式将两个维度的指标加以合并,从而衡量共享发展水平。这一衡量方法有其可取之处,但对于共享发展的内涵,以及我国不同层次的收入差距体现有所不足。与此同时,郭健等(2022)[②]学者同样从"发展"和"共享"两个层面出发,在各层面下设置相应二级指标,并通过赋予权重的方法将各项指标合成为最终指数,以此反映各地区共享发展状况。该指标体系较为完整,也较好地体现了共享发展的内涵,但仍有改进之处,如发展层面的二级指标"消费发展"更应该体现的是居民对消费品的共享状态;共享层面的二级指标多以GDP形式加以衡量,对共享的体现有所不足。因此,本书在相关研究成果的基础上,对相关指标加以改进,以更好地体现共享发展指标的构建原则。

第一个维度,经济增长是共享发展的基础前提和物质保障。根据经典经济增长模型,劳动力和资本的投入是确保经济增长必不可少的条件,而用GDP衡量经济发展结果也是各位学者普遍采取的方法。故本书分别将人均地区生产总值、人均固定资产投资和劳动参与度作为该维度下的测度指标。第二个维度,收入分配是对共享成果的体现。考虑到我国当前区域发展差距、城乡发展差距、群体间收入分配差距等现实问题较为突出,本书分别从这三个方面对收入分配结果加以度量,以反映我国当前共享成果的现实状况。其中,对于城乡间收入分配,参考范建平(2021)[③]、马海涛(2023)[④]等学者对城乡共享测算时的做法,采用"乡城居民人均收入比"加以衡量,由于计算后发现该指标数值均小于1,故可用该指标反映当前城乡差距,且该项指标数值越大说明该地区城乡差距越小;对于地区共享水平,采用各省市区的"收入指数"加以反映,该指标数值越大表示该地区居民在经济发展过程中获取的分配成果越多,同时,若各地区间收入指数差距较大则说明我国地区

[①] 万海远,陈基平. 共享发展的全球比较与共同富裕的中国路径[J]. 财政研究,2021(9):14-29.

[②] 郭健,谷兰娟,王超. 税制结构与共同富裕——兼论经济发展水平的门槛效应[J]. 宏观经济研究,2022(4):64-80,129.

[③] 范建平,郭子微,吴美琴. 区域共享发展水平测度与分析[J]. 统计与决策,2021(10):101-105.

[④] 马海涛,贺佳. 税制结构对城乡共同富裕的影响[J]. 税务与经济,2023(1):8-16.

共享水平较低；对于群体间收入差距，则通过参考胡晨沛（2020）[①]等学者测算居民共享发展时的做法，采用"城镇人员工薪额/地区生产总值"的方式加以测度，工薪水平可较好地反映某一地区发展成果在劳动和资本间的分配，而通常资本要素获得分配结果远高于劳动要素，故此项指标数值越大表明该地区群体间的收入分配越公平。各项指标的具体说明如表 5-1 所示。

表 5-1　　　　　　　　短期视角下共享发展测度指标

共享发展	一级	二级	指标定义/计算公式	指标方向	所附权重[②]
共享发展	共享前提：经济建设与稳定增长	人均固定资产投资	当年固定资产投资/年末总人口	+	0.1429
		劳动参与度	各省就业人数占年末总人口比重	+	0.1651
		人均地区生产总值	当年地区生产总值/年末总人口	+	0.2341
	共享成果：收入合理分配	城乡共享水平	各省农村居民人均可支配收入/城镇居民人均可支配收入	+	0.1437
		地区共享水平	居民人均可支配收入/人均地区生产总值	+	0.1376
		不同群体共享水平	城镇就业人员工薪额/地区生产总值	+	0.1766

资料来源：固定资产投资原始数据来自各省市区统计年鉴，其中，2011—2017 年固定资产投资数可通过各省市区统计年鉴直接获取，2018—2020 年固定资产投资数则通过各省市区统计年鉴获取当年固定资产投资增长率，再计算得出。其余指标原始数据均来自国家数据网。

5.1.3　长期视角下共享发展的评价设计

从长期发展阶段来看，共享发展要解决的绝非一个简单的经济问题，而是一个涉及全员共同进步、个体全面发展的综合性、全局性问题。对此，本书一方面紧跟国家实时政策，党的十九届六中全会上习近平总书记再次强调了中国特色社会主义事业的总体布局是经济建设、政治建设、文化建设、社会建设、生态文明建设五位一体，由此奠定了我国未来的发展方向，因此，共享发展的全面性也必须以此为出发点。另一方面还需对相关领域学者的研

---

① 胡晨沛，吕政. 中国经济高质量发展水平的测度研究与国际比较——基于全球 35 个国家的实证分析 [J]. 上海对外经贸大学学报，2020（5）：91-100.
② 此处的权重值是依据后文所采取的熵值法测算得出。

究成果加以借鉴，以使得评价设计更具合理性。其中，较具权威的有许宪春团队所研究的中国平衡发展指数，以反映我国平衡发展成就。该研究指标体系的构建主要包含经济发展、社会进步、生态环境、居民福祉四大维度①。王圣云、姜婧（2020）构建了人类发展指数以反映区域不平衡发展的演变过程，且指数主要由健康、教育、收入三方面构成②。李晖、李詹（2017）则更为直接地探究了省级共享发展评价体系，并从经济普惠、社会公平、政治清明、生态和谐以及文化繁荣五个方面出发，构建相应的指标体系③。由此可以看出：对于平衡发展、共享成果指标体系的研究，各位学者始终将增进人民福祉、促进人的全面发展作为出发点和落脚点，并将所构建的指标尽可能地贯穿于经济、社会、政治、生态、文化等各个领域。钞小静、任保平（2022）指出，共享内容是不断满足全体人民多样化、多层次的需求，包括优良的文化产品服务、良好的生态文明环境、宜居宜业的社会生存环境，以及完备的教育、健康服务、职业技能培训等基本公共服务④。因此，出于对中央工作会议精神的把握，在对相关领域学者研究观点借鉴的基础上，本书分别从经济、社会、文化、政治、生态五个维度设计相应指标以衡量我国长期发展中所达到的共享水平。具体二级指标的选取如下。

经济层面，除了前文 GDP 和收入所体现出来的共享水平外，还能进一步将其延伸。因为不论是 GDP 的增长，还是居民收入的提升，都并非能给居民带来最直接的效用，例如 GDP 增长对于一般民众更多是一种数字上的感受，只有让民众实际体会到经济建设带来的生活质量提高才能更好地让其感受到成果的享有，而居民收入也必须转化为实际消费才能给其带来切实效用。故本书分别选取城市燃气普及率、每万人拥有公共交通车辆以展现经济建设下基础设施不断完善给居民带来的生活便利成果共享，同时选取消费率以体现收入水平提高下居民物质享受能力的成果共享。社会层面，近年来，医疗、教育、就业、养老等领域一直是老百姓和各级政府最为关切的，故本书分别

---

① 许宪春，郑正喜，张钟文.中国平衡发展状况及对策研究——基于"清华大学中国平衡发展指数"的综合分析［J］.管理世界，2019（5）：15-28.
② 王圣云，姜婧.中国人类发展指数（HDI）区域不平衡演变及其结构分解［J］.数量经济技术经济研究，2020（4）：85-106.
③ 李晖，李詹.省际共享发展评价体系研究［J］.求索，2017（12）：87-95.
④ 钞小静，任保平.新发展阶段共同富裕理论内涵及评价指标体系构建［J］.财经问题研究，2022（7）：3-11.

选取每万人医疗卫生机构数、高中生师比、失业率和基本养老保险参保率几项指标以体现社会公共服务领域内的成果共享。生态层面，分别选取城市绿地面积、人均公园绿地面积以体现各地居民在改善生态环境过程中公平地享有绿色建设成果。文化层面，体现为推动社会主义精神文明中共同享有知识、文化、科技等方面的成果，在此过程中，不论是传统的书籍，还是新时代的文化展览、信息传媒，都已成为传播文化科学的重要途径。因此，本书分别选取人均拥有公共图书馆藏量、每万人口博物馆年参观人次，以及广播电视综合人口覆盖率以展现文化共享程度。政治层面，表现为在推进社会主义民主建设过程中充分维护全体人民的自身诉求，其中，群众自治组织是在自愿的基础上由群众按居住地区自己组织起来管理自己事务的组织，且该组织可代表当地群众向人民政府反映意见，提出要求，因此，该组织可成为基层群众表达自身政治诉求的一个最佳通道，本书以此作为衡量政治共享的二级指标。各项指标及具体说明如表5-2所示。

表5-2　　　　　　　　　长期视角下共享发展测度指标

一级	一级	二级	指标定义/计算公式	指标方向	所附权重*
共享发展（全面共享）	社会	失业率	城镇登记失业率	−	0.0734
		高中生师比	高中生师比（教师人数＝1）	−	0.0505
		基本养老保险参保率	（年末参加城镇职工基本养老保险人数＋年末参加城乡居民基本养老保险人数）/（15周岁以上人数－高中及高中以上在校生数）或（年末参加城镇基本养老保险参保人数＋新型农村养老保险参保人数）/（15周岁以上人数－高中及高中以上在校生数）	＋	0.0269
		每万人医疗卫生机构数	医疗卫生机构数（个）/当年常住总人口（万人）	＋	0.0617
	文化	人均拥有公共图书馆藏量	人均拥有公共图书馆藏量（册）	＋	0.1805
		广播电视综合人口覆盖率	（广播综合人口覆盖率＋电视综合人口覆盖率）/2	＋	0.0091
		每百万人口拥有博物馆机构数	博物馆机构数（个）/当年常住总人口（万人）×100	＋	0.0887

续表

一级		二级	指标定义/计算公式	指标方向	所附权重*
共享发展（全面共享）	政治	每万人自治组织单位数	自治组织单位数（个）/当年常住总人口（万人）	+	0.1295
	经济	消费率	居民消费支出/地区生产总值	+	0.0754
		城市燃气普及率	城市燃气普及率	+	0.0236
		每万人拥有公共交通车辆	每万人拥有公共交通车辆	+	0.0601
	生态	城市绿地面积	城市绿地面积	+	0.1731
		人均公园绿地面积	人均公园绿地面积	+	0.0475

注：*此处的权重值同样是依据后文所采取的熵值法测算得出。

资料来源：基本养老保险参保率公式中所涉及的参保人数可通过国家数据网、国民经济与社会发展公报、人力资源与社会保障统计公报等途径获得；15周岁以上人数，可先在国家数据网上得到各省15—64岁、65岁以上的抽样调查数，然后按照抽样比例推算各省15周岁以上人数；高中及高中以上在校生数包括研究生、普通高等、普通中等、职业高中在校生数。其余指标原始数据均来自国家数据网。

综上所述，本书对于共享发展指数的构建能够较好地遵循其构建原则。首先，构建了多维度多层次的综合指标体系。其次，所构建的指标体系紧紧围绕着共享发展的理念内涵。其中，短期视角下的经济类指标体现了共享发展的基础前提；该视角下的"劳动参与度"是对"共建共享"思想的现实体现，表明共享发展的实现需要社会成员的积极建设和共同创造；同样，在此视角下，对于城乡共享水平、地区共享水平，以及不同群体共享水平的指标设计，突出了"全民共享"的思想意蕴，意味着共享发展的实现就是要做到"不落下一个人"，让发达地区和落后地区的居民、城市和乡村居民，以及同一区域下不同阶层的居民都能共享发展成果；长期视角下五大领域的选择，是对"全面共享"的展现，表明共享发展是物质领域和精神领域的统一，是发展成果、发展权利和发展条件的统一；从短长期不同视角去设计评价体系，表明共享发展的实现无法一蹴而就，必须逐步推行，即体现了"渐进共享"的思想。此外，整个指标评价体系涉及收入、消费、社保、教育、医疗等人民群众所关心的民生话题，凸显了共享发展所追求的价值导向——以人民为中心。最后，短期视角下指标的选取更注重小分配领域的共享，长期视角下指标的选取更加突出大分配领域的共享，由此按照不同发展阶段和相应的重点任务选取指标。

5.2 评价方法的选择与测度

对各地区 2011—2020 年共享发展程度进行测算，首先需要为各项指标赋予相应的权重，对此，本书采取熵值法。熵值法作为客观评价指标体系权重的方法，不仅弥补了主观评价的不足，还能反映指标体系内部的变异程度。表 5-1、表 5-2 中，部分指标（人均地区生产总值、人均拥有公共图书馆藏量）在熵值法的计算下所附权重较大，表明该指标数据间的差异较大，换言之，此项指标所反映的共享发展效果不佳（地区间经济发展程度、人均拥有公共图书馆藏量差异较大），还需要在今后推进共享发展过程中给予更多的关注，因而，通过熵值法确定的指标权重能够突出我国当前共享发展的薄弱之处，进而更真实地衡量我国共享发展的现实状况。需要注意的是，具体指标的测度分别在短长期不同评价体系中进行，以使得后续实证过程和结果更具针对性。

在权重确定前，首先需通过归一化方法解决原始数据度量上的不同而造成的问题。具体公式如下：

$$X_{ij}^t = \frac{x_{ij}^t - \min(x_{ij}^{t_0})}{\max(x_{ij}^{t_0}) - \min(x_{ij}^{t_0})} \tag{1}$$

$$X_{ij}^t = \frac{\max(x_{ij}^{t_0}) - x_{ij}^t}{\max(x_{ij}^{t_0}) - \min(x_{ij}^{t_0})} \tag{2}$$

为了能够更好地观察我国各地区间共享发展指数的变化趋势，本书参考了乔俊峰和张春雷[①]的做法，分别将 $\max(x_{ij}^{t_0})$ 和 $\min(x_{ij}^{t_0})$ 设置为基期 t_0 年（2011 年）该指标的最大值和最小值。根据熵值法原理，还需采取如下计算过程：

确定第 j 项指标下第 i 个省区市占该指标的比重：$P_{ij} = X_{ij} / \sum_{i=1}^{30} X_{ij}$。之后计算第 j 项指标的熵值和信息熵冗余度：$e_j = -k \sum P_{ij} \ln(P_{ij})$，其中 $k = 1/\ln(30)$，

---

① 乔俊峰，张春雷. 转移支付、政府偏好和共享发展——基于中国省级面板数据的分析 [J]. 云南财经大学学报，2019 (1): 15-28.

第5章 我国共享发展的现状测度及分析

满足 $e_j \geq 0$；$d_j = 1 - e_j$。最后，计算得出当年各项二级指标的权重：$P_{ij} = d_{ij} / \sum_{j=1}^{n} d_{ij}$，n 为共享发展测度体系中所设指标数，短期视角测度下为 6，长期视角测度下为 13。

熵值法下确定的权重结果虽为截面数据，但各年度确定的权重结果具有趋同性，并能够反映各地区共享发展水平的一般性，因此，将某项指标各年度熵值法所确定的权重平均化结果作为其最终权重（见表 5-1、表 5-2）。在确定各项指标所附权重后，便可将数据的标准化结果与其相乘并求和，从而得到 2011—2020 年我国各地区共享发展指数（见表 5-3、表 5-4）。

表 5-3　各省区市 2011—2020 年短期视角下共享发展指数情况

省区市	2011年	2012年	2013年	2014年	2015年	2016年	2017年	2018年	2019年	2020年
广东	0.3222	0.3553	0.4276	0.4685	0.5014	0.5279	0.5586	0.5968	0.6426	0.6699
江苏	0.4139	0.4566	0.5549	0.6063	0.6447	0.6753	0.7163	0.7579	0.7950	0.8208
山东	0.3705	0.4102	0.4642	0.5018	0.5338	0.5607	0.5805	0.5974	0.5983	0.6141
浙江	0.5298	0.5808	0.6249	0.6722	0.7077	0.7430	0.7714	0.8081	0.8579	0.8937
河南	0.2730	0.3093	0.3591	0.3953	0.4283	0.4543	0.4749	0.4838	0.513	0.5328
四川	0.2869	0.3169	0.3786	0.407	0.4411	0.4643	0.4787	0.5023	0.5405	0.5764
湖北	0.3336	0.3707	0.4253	0.4711	0.5089	0.5362	0.5594	0.5919	0.6360	0.6496
湖南	0.3191	0.3548	0.3956	0.4316	0.4556	0.4809	0.5011	0.5284	0.5618	0.5426
河北	0.2920	0.3517	0.4125	0.4594	0.4965	0.5181	0.5249	0.5580	0.5879	0.5584
福建	0.3753	0.4283	0.4756	0.5176	0.5684	0.5982	0.635	0.6854	0.7161	0.7315
上海	0.5047	0.5478	0.6839	0.7277	0.7659	0.8016	0.8465	0.8918	0.9575	0.9791
北京	0.6183	0.6752	0.7287	0.7635	0.8189	0.8693	0.9297	0.9653	1.0218	1.0285
安徽	0.3880	0.4419	0.4978	0.5399	0.5769	0.5994	0.6204	0.6662	0.7000	0.5828
辽宁	0.4156	0.4874	0.5752	0.6014	0.5470	0.4526	0.4567	0.4619	0.4847	0.5160
陕西	0.2429	0.2834	0.3449	0.3864	0.4247	0.4584	0.4918	0.5228	0.5521	0.5742
江西	0.2953	0.3343	0.3868	0.4218	0.465	0.4915	0.5168	0.5376	0.5730	0.5925
重庆	0.2919	0.3300	0.3822	0.4259	0.4706	0.4979	0.5234	0.5566	0.5843	0.6056
广西	0.3337	0.3475	0.3962	0.4289	0.4672	0.4933	0.5145	0.5388	0.5751	0.5571
天津	0.6186	0.6899	0.7699	0.8357	0.9077	0.9521	0.9429	0.9552	1.0230	0.8982
云南	0.2745	0.3012	0.3319	0.3572	0.3932	0.4366	0.4632	0.4849	0.4996	0.5147

续表

省区市	2011年	2012年	2013年	2014年	2015年	2016年	2017年	2018年	2019年	2020年
内蒙古	0.3629	0.4114	0.4803	0.5470	0.5041	0.5311	0.5262	0.4897	0.5212	0.5421
黑龙江	0.3913	0.4344	0.4751	0.4877	0.5169	0.5387	0.5526	0.5583	0.5624	0.5787
山西	0.2565	0.3173	0.3873	0.4317	0.4847	0.5081	0.3931	0.4039	0.4298	0.4466
吉林	0.3928	0.4371	0.4815	0.5178	0.5548	0.5878	0.5894	0.6042	0.5945	0.6066
贵州	0.2253	0.2435	0.2721	0.2970	0.3202	0.3493	0.3702	0.3961	0.4161	0.4389
新疆	0.2912	0.3493	0.4022	0.4390	0.4919	0.5059	0.5182	0.4569	0.4831	0.5173
甘肃	0.2033	0.2443	0.3048	0.3472	0.4086	0.4390	0.4034	0.4033	0.4238	0.4586
海南	0.2887	0.3303	0.3889	0.4343	0.4718	0.4956	0.5252	0.5276	0.5649	0.5524
宁夏	0.2771	0.3358	0.3837	0.4252	0.4587	0.4748	0.4650	0.4397	0.4425	0.4723
青海	0.2896	0.3452	0.4037	0.4568	0.4914	0.5129	0.5549	0.5870	0.6312	0.5966
标准差	0.1044	0.1110	0.1206	0.1247	0.1275	0.1334	0.1431	0.1532	0.1650	0.1540

表5-4 各省区市2011—2020年长期视角下共享发展指数情况

省区市	2011年	2012年	2013年	2014年	2015年	2016年	2017年	2018年	2019年	2020年
广东	0.4010	0.4296	0.4415	0.4604	0.4827	0.5070	0.5139	0.5175	0.5412	0.5518
江苏	0.3513	0.3858	0.4014	0.4187	0.4339	0.4488	0.4606	0.4628	0.4755	0.4769
山东	0.4132	0.4394	0.4668	0.4869	0.5130	0.5479	0.5820	0.5891	0.6124	0.6079
浙江	0.3871	0.4359	0.4475	0.4685	0.4937	0.5208	0.5437	0.5565	0.5683	0.5522
河南	0.2377	0.2738	0.2964	0.3154	0.3243	0.3401	0.3774	0.3866	0.3951	0.4106
四川	0.3137	0.3463	0.3721	0.3805	0.4025	0.4130	0.4298	0.4453	0.4659	0.4184
湖北	0.2587	0.2976	0.3162	0.3365	0.3560	0.3763	0.3790	0.3839	0.3971	0.3904
湖南	0.3195	0.3274	0.3359	0.3533	0.3580	0.3194	0.3260	0.3566	0.4009	0.4102
河北	0.3518	0.3769	0.4022	0.4123	0.4297	0.4376	0.4551	0.4766	0.4828	0.4876
福建	0.2981	0.3280	0.3300	0.3398	0.3430	0.3426	0.3582	0.3666	0.3848	0.3782
上海	0.4180	0.4821	0.4668	0.4740	0.4842	0.4849	0.5000	0.5000	0.5128	0.5028
北京	0.4123	0.4302	0.4440	0.4641	0.4772	0.4846	0.5242	0.5061	0.5146	0.4736
安徽	0.2129	0.2528	0.2668	0.2914	0.3120	0.3278	0.3552	0.3580	0.3847	0.3883
辽宁	0.2976	0.3301	0.3464	0.3646	0.3833	0.4048	0.4112	0.3965	0.4081	0.3999
陕西	0.3645	0.4241	0.4443	0.4611	0.4609	0.4672	0.4619	0.4564	0.4658	0.4743
江西	0.3118	0.3228	0.3264	0.3274	0.3354	0.3393	0.3664	0.3541	0.3735	0.3922
重庆	0.2447	0.2671	0.2882	0.2892	0.2973	0.3015	0.3230	0.3368	0.3543	0.3082

续表

省区市	2011年	2012年	2013年	2014年	2015年	2016年	2017年	2018年	2019年	2020年
广西	0.2353	0.2717	0.2862	0.2930	0.3213	0.3284	0.3575	0.3550	0.3624	0.3605
天津	0.2690	0.2841	0.2972	0.3077	0.3210	0.3478	0.4243	0.3898	0.3991	0.4103
云南	0.1908	0.2031	0.2039	0.2194	0.2317	0.2558	0.2757	0.2800	0.2900	0.3013
内蒙古	0.2838	0.3244	0.3564	0.3897	0.4081	0.4314	0.4427	0.4512	0.4758	0.5157
黑龙江	0.2690	0.2790	0.3222	0.3306	0.3595	0.3924	0.4081	0.4322	0.4572	0.4586
山西	0.3579	0.3938	0.4236	0.4288	0.4518	0.4841	0.5004	0.5061	0.5288	0.5074
吉林	0.2486	0.2763	0.2977	0.3304	0.3472	0.3632	0.3907	0.4327	0.4509	0.4565
贵州	0.2463	0.2736	0.2887	0.3007	0.3126	0.3355	0.3399	0.3446	0.3617	0.3515
新疆	0.3337	0.3484	0.3571	0.3743	0.3974	0.4270	0.4236	0.4294	0.4410	0.4146
甘肃	0.3931	0.4397	0.4696	0.4937	0.5215	0.5501	0.6020	0.6124	0.6421	0.6464
海南	0.2929	0.3379	0.2817	0.2954	0.3018	0.2913	0.3136	0.3158	0.3469	0.3502
宁夏	0.2510	0.2613	0.3018	0.3269	0.3462	0.3606	0.3709	0.3758	0.3912	0.3741
青海	0.3601	0.3734	0.3650	0.3765	0.3810	0.3928	0.3973	0.4025	0.4274	0.4480
标准差	0.0651	0.0707	0.0711	0.0721	0.0743	0.0793	0.0813	0.0811	0.0817	0.0823

5.3 共享发展水平的现状分析

通过观察各省级地区2011—2020年共享发展指数的测度结果，分别从短期视角和长期视角两个维度分析我国共享发展水平现状，在此基础上，对两者加以对比分析，从而得以全面系统地了解我国的共享发展状态。

5.3.1 短期视角下共享发展水平分析

对于短期视角下我国共享发展水平现状的分析，本书分别从全国层面、省级层面、具体指标层面三个方向递进展开，以使得对于相关问题的分析更具完整性。

5.3.1.1 全国层面共享发展水平分析

从我国30个省（自治区、直辖市）2011—2020年短期视角下共享发展指数的变化趋势中可以看出（见表5-3）：整体上，我国各省级地区的共享发展指数均呈现稳步上升趋势。在此期间，只有个别省区，如辽宁、内蒙古、山西、宁夏等出现过下降波动，但总体上仍保持着向好发展的态势。同时，全国层面的共享发展水平纵向差距也在缩小。2011年，全国共享发展指数最高的地区天津，其相应指数为0.6186，当年共享发展指数最低的地区甘肃，其相应指数为0.2033，只占天津的32.86%；而在2020年，贵州作为全国共享发展水平最低的省份，其相应指数为0.4389，已达到同年最高水平地区（北京）的42.67%。除了2020年，表中各年度的标准差不断递增。标准差反映了一组数值分散的程度，可用来描述个体观察值变异程度的大小，标准差越大，说明大部分数值和其平均值之间的差异越大。2011年我国各地区共享发展指数标准差为0.1044，2020年为0.1540，表明各地区在此期间的差异化程度有所增加。综上可知，近十年来，我国各省级地区共享发展水平已在稳步提升中逐渐缩小差距，这是对新时期下各地区协调发展的充分体现，但差异化水平的扩大趋势仍值得进一步关注。

5.3.1.2 省际层面共享发展水平分析

从省际层面来看，首先，如图5-1所示，我国共享发展水平明显东部地区＞中部地区＞西部地区[①]。其中，北京、上海、天津、浙江、江苏、福建始终保持在全国前列，尤其是北京和天津的共享发展指数远远领先于其他省

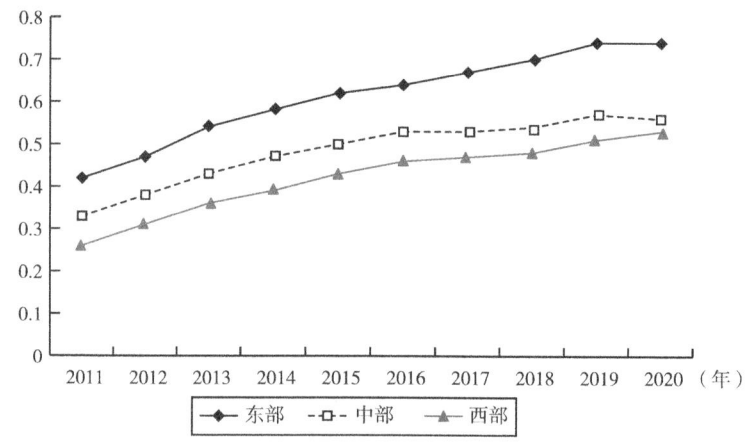

图5-1　东、中、西部地区2011—2020年短期视角共享发展指数变化趋势

---

① 在全国区域划分中，东部地区包括：广东、江苏、山东、浙江、河北、福建、上海、北京、辽宁、广西、天津、海南；中部地区包括：河南、湖北、湖南、安徽、江西、内蒙古、黑龙江、山西、吉林；西部地区包括：四川、陕西、重庆、云南、贵州、新疆、甘肃、宁夏、青海、西藏。

级地区。反观西部地区的甘肃、贵州、宁夏、云南等则一直位于落后地位。进一步观察发现，2016年后，西部地区与中部地区的差距开始缩小，但中部地区与东部地区的差距呈扩大趋势。

其次，部分地区出现排名大幅波动情况。如图5-2所示，东部地区的辽宁由2011年的全国排名第5位下降至2020年的第25位，中部地区的内蒙古也由2011年全国排名第12位下降至2020年的第22位，反观西部省份中的青海、重庆等地则呈现出相反态势，其排名分别由最初的第21位和第19位上升至最终的第12位和第11位。由此可以看出，近年来在财税等政策的刺激和倾斜下，西部部分地区不论是在经济发展方面还是在成果共享方面都有所提升，并逐渐缩小与中东部地区的差距。

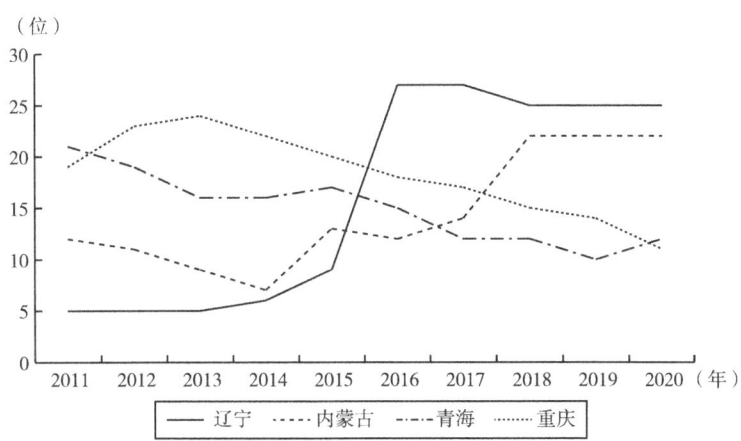

图5-2 部分省区市2011—2020年短期视角共享发展指数排名变化

最后，从图5-2与图5-3的对比中可以看出，地方的共享发展指数会与当地的人均税收增长率存在一定的联系。（1）辽宁2011—2015年的排名一直位于全国前列，但2016年直接下滑至落后水平，直至2018年有所好转。该省的人均税收增长率于2011—2015年一直处于大幅下降状态，但在2016年由负增长转为正增长，直至2018年这种增长趋势才得以扭转。（2）内蒙古2011—2017年的排名一直保持在全国中等水平以上，但在2018年以后排名有了大幅的下降。2011—2017年，内蒙古的人均税收增长率保持下降趋势，2018年由负增长回到较高的正增长水平。（3）青海、重庆两地的共享发展指数与人均税收增长率虽未呈现出明显的对应关系，但依然可以看出，在两地人均税收增长率波动下降的过程中，其共享发展指数排名不断向好发展。由此，可先对减税与短期视角下共享发展之间的关系形成一定的预判，即各地的减税力度越大，人均税收增长率越会呈现下降趋势，同时有助于促进当地短期视角下的共享发展指数提升。

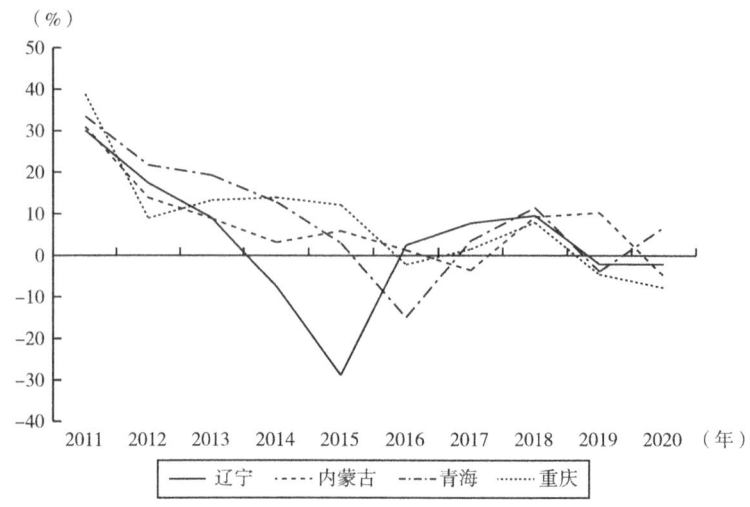

图 5-3 部分省区市 2011—2020 年人均税收增长率变化趋势

资料来源：国家统计局。

5.3.1.3 不同指标下共享发展水平分析

就不同衡量指标而言，各地区表现出的差异程度也有所不同。由于熵值法下所确定的指标权重大小与其数值变异程度正相关，因此，通过对比图 5-4 中各二级指标所赋权重可发现：一方面，就共享前提而言，相比于人均地区生产总值，我国各地区间的劳动参与度和资本投资力度差异较小。这说明近年来，虽然在减税政策的刺激下，各地居民对于当地经济建设的热情都在不断提升，个人和企业的投资积极性也在被持续调动，使得这两项指标在各地区间的差别较小，但由于各地本身经济基础差距较大，当前发展水平依然存在较为明显的差别。另一方面，就共享成果而言，城乡间、地区间、群体间依然存在一定差异，但群体间的差异更为突出，即与资本要素所获取的收入相比，劳动要素的收入分配结果差异较大。这表明共享成果的实现还需进一步通过地域政策倾向的完善和社会管理制度的保障加以落实，而针对群体间收入差异较大、劳动与资本要素间的分配明显不公等问题，更须尽快完善税收体制，提高直接税比重,尤其是通过完善个税,扩大综合征收范围等举措予以解决。

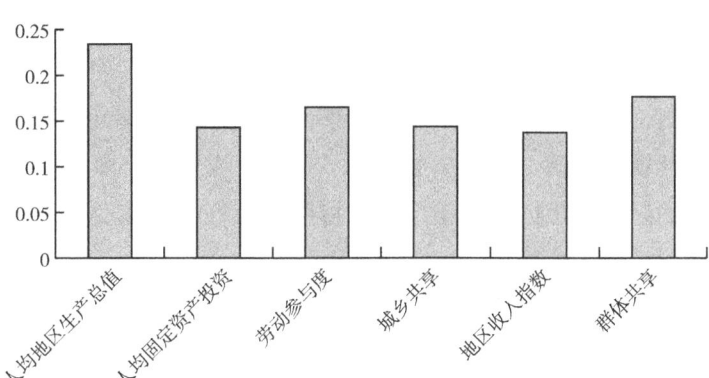

图 5-4 短期视角下共享发展指标权重

综上所述,2010年之后,随着中部崛起、西部大开发等战略的推进,我国地区间的经济发展程度与成果共享水平整体差距有所减小,但由于各地区自然禀赋的差异,以及历史遗留问题等原因,这种差异依然存在,此外,各地城乡间和群体间对于经济发展成果的差别享有也尤其值得关注,而相关问题还需长期依靠财税等政策的制定与实施加以解决。

5.3.2 长期视角下共享发展水平分析

对于长期视角下我国共享发展水平现状的分析同样从以下三个方面展开。

5.3.2.1 全国层面共享发展水平分析

我国30个省(自治区、直辖市)2011—2020年长期视角下共享发展指数的变动趋势如表5-4所示,从中可以看出:首先,各地区共享发展指数在此期间稳步上升,只有陕西、江西等少数地区出现波动。但不少地区在2020年都出现了指数下滑现象,如浙江、河南、四川、湖北等,这很可能是由于新冠疫情的暴发,全国就业、消费等方面都受到了较大影响。其次,全国层面的共享发展水平纵向差距有着轻微缩减。2011年,全国共享发展指数最低的地区云南,其相应指数只有0.1908,共享发展指数最高的地区上海,其相应指数为0.418,最低地区的指数为最高地区的45.65%。而在2020年,全国共享发展指数最低的地区依然是云南,其相应指数上升至0.3013,共享发展指数最高的地区为甘肃，其相应指数为0.6464，最低地区的指数为最高地区的46.61%。最后，观察地区间2011—2020年共享发展指数的标准差结果，2011年全国各地区共享发展指数的标准差为0.0651，2020年提高至0.0823。由此可以看出，全国层面的共享发展水平差异化程度呈现扩大趋势。这说明十年间，长期视角下的全面共享虽取得了一定的成效，全国整体水平有所提升，地区间的纵向差距也在缩小，但与短期视角下的共享发展现状一样，地区间的差异化现象依然存在，且有着恶化趋势。

5.3.2.2 省际层面共享发展水平分析

从省际层面来看，如图5-5所示，与短期视角下的共享发展现状不同，长期视角下的全面共享虽也呈现出东部地区较其他地区水平较高的局面，但这种优势地位并不凸显，且西部地区也在追赶甚至超越中部地区。这一现象的出现离不开中央政府多年来对西部地区的政策支持，使得该地区虽常年处于经济落后状态，但各项公共服务设施建设趋于完善，逐渐缩小了与其他地区的差距。具体而言，一是东部地区各省市这十年间在全国保持较为稳定的状况。其中，山东、浙江、北京、广东、上海等地始终保持在全国前列；河北、江苏两地在此期间一直处于中等偏上水平；天津、辽宁、福建主要分布在全国中等或偏下位置；广西、海南则基本处在落后地位。二是中部地区各省区存在部分变动。如内蒙古、黑龙江、吉林、河南在此期间共享发展水平在全国排名有所提升，从原本的中等偏下（内蒙古、黑龙江）和落后水平

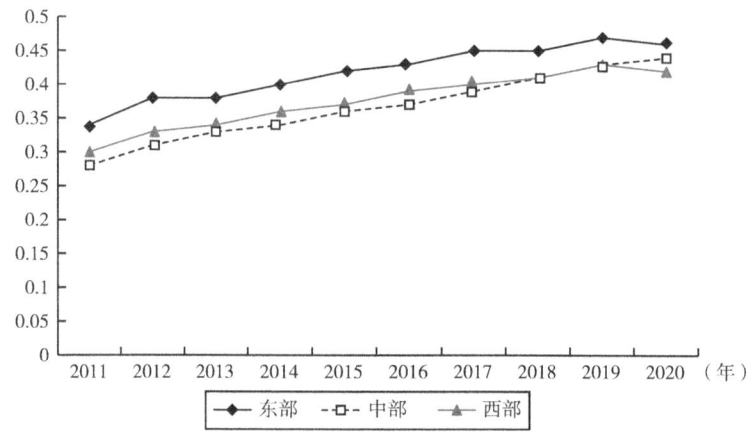

图5-5 东、中、西部地区2011—2020年长期视角共享发展指数变化趋势

（吉林、河南）分别提升至全国前列（内蒙古）和中等水平（黑龙江、吉林、河南）；湖南、江西两地的全国排名出现了一定程度的下降，由原本的中等水平降至中等偏下地位；山西、湖北、安徽则未出现较大变动，分别位于全国前列（山西）和较为落后地位（湖北、安徽）。最后，西部地区各省区市在全国排名呈现出更为分散的状态。从上述描述中可看出，东部地区各省市主要保持在全国中等以上水平，中部地区各省区主要维持在全国中等或偏下水平，相较而言，西部地区既存在排名靠前的省份，如甘肃、陕西，也存在排名一直较为落后的省市，如云南、贵州、重庆等。由此可见，中央还需根据不同地区的实际情况采取更具针对性的支持政策。

5.3.2.3 不同指标下共享发展水平分析

就各衡量指标而言，不同指标下各地区与共享发展之间的差距也存在不同，对此依然根据熵值法对各指标所赋权重进行分析。通过对比图5-6中各二级指标所赋权重可发现：从社会层面看，"基本养老保险参保率"所赋权重明显低于其他指标，说明与就业、教育、医疗相比，社会保障所呈现出的共享程度较高。自2012年8月起，新型农村社会养老保险和城镇居民社会养老保险制度全覆盖工作全面启动，并合并为城乡居民社会养老保险。自此我国各地养老保险覆盖率不断扩大，涉及城乡各类人群，保障水平稳步提高，同时也使得这一指标在各地区间的差异化程度逐渐缩小，与其他社会层面的指标相比更接近共享状态。从文化层面看，三项指标所体现的差异化程度层次分明。其中，"人均拥有公共图书馆藏量"所赋权重远高于其他指标，在整个指标体系中该项指标也被赋予了最高权重；而"广播电视综合人口覆盖率"所赋权重远低于其他指标，在整个指标体系中该项指标同样被赋予了最低权重。这表明文化层面不同项目的共享程度差别较大，部分项目（如广播电视覆盖）地区间的共享程度已达到较高水平，但部分项目（如图书藏量）当前还远未达到共享状态，还需在今后促进共享发展的实现中给予重点关注。从经济层面看，"城市燃气普及率"相较于其他指标所赋权重明显较低，由此可知，虽然各地方由于历史因素、地理位置、气候环境等造成的经济基础存在很大不同，使得各地区人民的收入、消费等水平处在一种差别化的层次上，但在"以人民为中心"的经济建设观下，各地区与居民日常生活息息相关的基础设施建设都在日趋完善，从而表现出一种共享程度较高的状态。从生态层面看，"城市绿地面积"被赋予远高于其他指标的权重，"人均公园绿地面积"所赋权重则明显较低。从中可以看出，与文化层面表现类似，近年来，随着我国生态环境逐渐受到各级政府的重视，绿色发展已成为一个重要趋势，但是各地方多年来粗犷式发展模式所造成的后果显然不同，对此，还需分层次、分重点地改善各个生态领域，故而，不同生态项目会展现出高低不同的共享程度。从政治层面看，基于数据的可得性，本书只在此处选取了一项指标"每万人自治组织单位数"，且从图5-6可看出，该项指标被赋予了较高权重，即各地区居民目前在政治领域的共享程度较低。

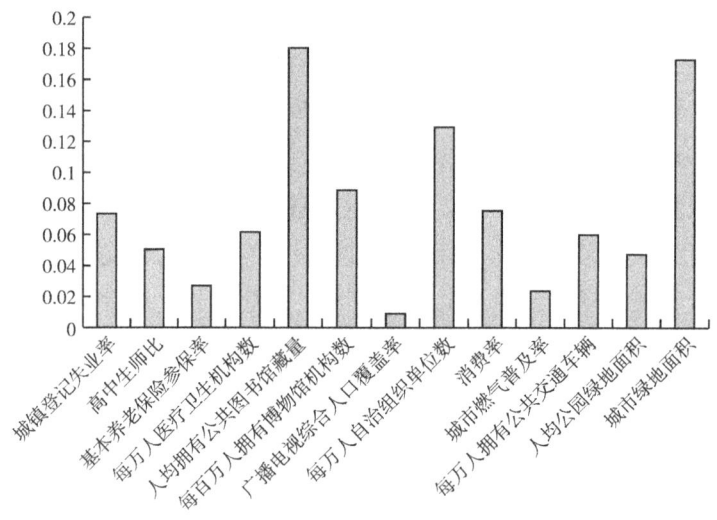

图5-6 长期视角下共享发展指标权重

综合而言，经济和社会领域各指标所赋权重较为接近，且数值较低，即各地方居民对于经济和社会建设成果的共享水平相对较高。反观文化、生态、政治领域内的指标所赋权重或是存在较大差别，或是数值较高，即在该领域内的共享发展呈现出一种参差不齐的状态，各地居民未能在该领域内普遍共享发展成果。

5.3.3 不同时期视角下共享发展水平的对比与分析

通过对不同时期视角下共享发展的共同之处和差别点加以对比分析，能够更加全面系统地展现我国共享发展的现状。

5.3.3.1 不同时期视角下共享发展的共同之处

不论是短期视角下的共享发展,还是长期视角下的全面共享,都展现出了相似之处:首先,从全国整体角度,各地区2011—2020年的共享发展指数都在稳步提升。这说明在此期间各地区都在试图改善当前发展不充分不平衡的状况,努力推行城乡协调发展、不同群体间共同发展,使得各项指标都呈现出一种逐步向好的态势。与此同时,各地区共享发展的纵向差距有所减小,即共享发展指数最高地区与最低地区在逐渐缩小差距,但各地区间的差异化现象愈加明显。由此可看出,在各项政策倾斜下,我国落后地区在逐步缩小与发达地区的差距,但各地区间依然存在较为明显的差别。其次,从省级层面,东部地区部分省市,如上海、北京、浙江等始终位于全国前列,而中西部个别省市则形成快速追赶之势。最后,就不同衡量指标而言,不论是短期发展阶段,还是长期发展阶段,指标体系都反映了我国当前共享发展实践中的薄弱环节。由此说明在推进共享发展的过程中,还需做到有的放矢,切忌采取"一刀切"做法,尤其对于差异化较大的领域必须给予重点关注。

5.3.3.2 不同时期视角下共享发展的差别点

通过观察不同时期视角下的共享发展指数可发现两者同样存在较大差别。

其一,相较而言,短期视角下各地区2011—2020年的共享发展指数标准差明显更大。这表明该时期内各地区对于发展成果的非共享主要体现在不同地区共享的基础前提差别较大,利益分配较为不均。在长期不平衡的发展模式下,我国东部沿海地区与内陆地区相比,拥有显著的经济发展优势,由此吸引了越来越多的顶端人才聚集于此,为该地区的经济增长注入了源源不断的动力。相比之下,内陆地区,尤其是边远落后地区,由于经济发展不足,人才不断流失,人才的流失又加剧了地区的经济发展动力不足,从而形成恶性循环。久而久之,这种地区间的经济差异化状态日益凸显,而这种发展格局必将导致利益分配的不公。虽然在近十几年中我国基尼系数总体呈波动下降态势,但依然显著高于国际警戒线0.4,这意味着我国经济社会发展中形成的贫富差距已突破了合理的限度。

其二,我国省际共享发展水平在不同视角下呈现的状态有所不同。一方面,短期视角下东部部分省市远超其他地区,但长期视角下的东部各省市即使位于全国前列,也未与其他地区拉开较大差距。另一方面,短期视角下西部地区的各省区市共享发展明显落后于东、中部地区,但长期视角下西部地区正在追赶甚至超过中部地区。由此表明在各地区经济发展差异较大,利益分配格局较为不公平的现实情况下,党中央和各级政府深知"授人以鱼不如授人以渔",多年来致力于完善我国基本公共服务体系,改善人民群众生存和发展的外在条件和环境,维护全体人民生存发展的权利,以防止贫困的代际传递。因此,虽然我国幅员辽阔、人口众多,使得相关工作的推进任重道远,但已呈现出一定的成效。值得说明的是,长期视角下的全面共享所呈现出的省际差异现状优于短期视角下的共享发展现状,并不能说明我国的发展未遵循一般规律,即在未实现物质层面共享的情况下,就能先一步实现精神、文化层面的共享。通过观察表5-3和表5-4中的数据便会发现,长期视角下各地区共享发展指数明显较低,且增长速度更为缓慢。由此说明,即便长期视角下的全面共享所达到的程度更高,目前也还是一种低水平的状态,不是真正意义上的共享。在接下来的任务规划中,还需依托物质层面的共享发展早日实现,以进一步助推精神、文化等各个领域达到更高水平的全面共享;同时,继续优化各地区全面共享程度,保障落后地区人民的发展权利,从而为物质层面共享发展的实现注入新的活力。

其三,部分省市呈现出短长期不同视角下共享发展指数不同步的现象,即部分省市短期视角下的共享发展指数较高,但长期视角下的共享发展指数则位于较低水平,如天津、福建等,而部分省市的状态相反,如甘肃、山西等。这说明对于部分经济发展水平、物质共享程度较高的省市,应同步推进其他领域的共享程度,部分共享程度较高的省市多是依赖于中央的政策支持,因而,更需加速当地的物质增长,提高共享水平,以促进当地早日形成良性发展之势。

5.4 本章小结

本章是对我国30个省(自治区、直辖市)2011—2020年共享发展水平的现实描述。

首先,是对共享发展的评价指标设计。出于对共享发展的渐进性和阶段性重点任务的考虑,本书分别从短期发展阶段和长期发展阶段两个角度设计共享发展的评价指标体系。其中，短期视角下的共享发展主要聚集在将"蛋糕"做大的同时分好"蛋糕"，故选用经济增长和收入分配两个维度作为衡量标准，并分别选用相应指标。长期视角下的共享发展涉及全员共同进步和个体全面发展，更体现为一种全面共享，故分别从经济、社会、生态、文化、政治五大领域选取相应衡量指标。

其次，是对共享发展评价方法的选择。熵值法下确定的指标权重不仅客观，而且能够通过数值的大小反映指标体系内部的变异程度，以突出我国当前共享发展推进中的薄弱之处。本书通过熵值法分别确定不同视角下各指标的权重，再对各指标原始数据进行归一化处理，最终，将各指标的标准化结果与其所赋权重相乘求和，以得到2011—2020年我国各省级地区不同视角下的共享发展指数。

最后，是对我国共享发展水平的现状分析。对于短期视角下的共享发展和长期视角下的全面共享分别从全国层面、省级层面、不同指标层面分析了其现实状况，并在此基础上对不同时期视角下的共享发展水平加以对比分析，进而得以全面系统地了解我国当前的共享发展状态。

第 6 章

减税政策对共享发展影响效应的实证分析

通过理论分析可知,减税这一举措在共享发展的推进过程中会产生不同的结果。本章利用实证数据,从不同的时期视角对共享发展推进中减税的实际影响效应展开分析,以判定理论假设是否成立。

6.1 减税政策对短期视角下共享发展的影响效应检验

6.1.1 模型构建与实证策略

为分析减税政策的实施对共享发展的影响效应,同时避免省份与时间特征差异对估计结果造成影响,本书构建双向固定效应模型进行基准回归,模型设定如式(1)所示。

$$GX_{it}^1 = \alpha_0 + \alpha_1 rtax_{it} + \alpha_2 X_{it} + \mu_i + \nu_t + \varepsilon_{it} \tag{1}$$

其中,GX_{it}^1为被解释变量,即各地区短期视角下的共享发展指数;$rtax_{it}$为解释变量,即对各地区减税程度的衡量;X_{it}为一组控制变量;i、t分别代表省(自治区、直辖市)和年份;α_0为常数项;α_1为本书关注的参数,反映了减税对该地区短期视角下共享发展指数的影响;μ_i和ν_t分别代表省份固定效应和年份固定效应;ε_{it}为扰动项。

除了检验减税对共享发展的影响效应外,依据理论假设,本书还试图采用模型(2)来验证在减税过程中我国税收结构的调整是否同样发挥了作用。

$$GX_{it}^1 = \gamma_0 + \gamma_1 rtax_{it} + \gamma_2 jg_{it} + \gamma_3 X_{it} + \mu_i + \nu_t + \varepsilon_{it} \tag{2}$$

其中，jg_{it}为税收结构，其余变量同式（1）。根据理论分析，我国的减税政策并非简单地就减税论减税，而是在减税过程中适当调整税收结构，且调整方向为降低流转税比重，提高直接税比重，这一做法同样有助于推动短期视角下的共享发展水平。为了检验这一理论是否成立，本书将通过具体实证模型加以验证。

6.1.2 变量说明与数据来源

6.1.2.1 核心变量

一是被解释变量GX_{it}^1，即上一章测算得出的我国各省级地区2011—2020年短期视角下的共享发展指数。

二是解释变量$rtax_{it}$，即对各地区减税程度的衡量。由于我国减税政策实施以来涉及的税种较多，且受益人群较为广泛，既包含企业也包括家庭和个人，因此，从微观角度单单用某一主体税负的降低不足以切实衡量减税程度。而在宏观层面，第3章的计算已说明，在各地方政府的减税努力下更可能产生的结果是地区收入增长有所放缓。而在进一步针对各地方税收的计算中也的确发现，在刨除人口因素后，各地区近十年人均税收增长率普遍呈下降趋势，如表6-1所示，由此便可较好地反映出相应地区的整体减税情况。故而，本书在此使用各地区2011—2020年人均税收增长率，以该变量的下降趋势作为衡量各地区减税程度的代理变量。虽然该变量考虑了人口因素，但地区的经济基础、税务部门的征管力度等都会对这一变量有所影响，因此，为了更好地度量各地方政府的减税力度，还应尽可能地将这些因素考虑在内。其中，征管力度较为主观，不宜具体刻画，相较而言，各地的经济基础更易于度量，且直接影响当地税收状况，故本书将在后续稳健性检验中将此因素进一步纳入考量，以使得估计的结果更为准确。

表6-1　各省区市2011—2020年人均税收增长率变化趋势

省份	2011年	2012年	2014年	2016年	2018年	2020年
广东	16.09	8.67	10.72	7.66	7.92	-2.86
江苏	22.12	14.57	9.63	-1.96	11.71	0.92
山东	20.12	16.66	11.52	-0.85	10.34	-2.46

续表

省份	2011 年	2012 年	2014 年	2016 年	2018 年	2020 年
浙江	17.11	7.13	6.74	7.69	11.22	4.63
河南	23.52	15.48	9.76	1.92	13.65	-3.09
四川	29.93	18.53	9.53	-1.69	15.58	2.47
湖北	37.17	24.11	16.72	1.75	9.6	-22
湖南	25.04	21.17	10.54	1.41	11.37	-0.27
河北	24.89	15.25	7.67	2.78	15.94	-4.15
福建	26.68	13.15	8.22	0.43	7.97	-1.67
上海	14.53	6.07	10.25	15.38	6.76	-6.29
北京	22.9	6.62	7.54	4.1	6.77	-3.67
安徽	27.58	17.64	11.17	2.83	10.31	-0.67
辽宁	30.1	17.44	-7.43	2.51	9.57	-2.11
陕西	30.37	20.47	5.68	-7.33	18.61	-5.35
江西	32.45	25.84	17.07	-3.26	9.73	-2.68
重庆	38.91	8.97	14	-2.14	7.93	-7.78
广西	19.61	17.26	10.77	-0.51	5.23	-3.64
天津	25.29	7.1	11.94	2.64	2.77	-8.34
云南	25.12	20.34	1.18	-3.35	15.1	0
内蒙古	31.04	13.89	3.2	1.31	9.27	-4.85
黑龙江	34.99	14.69	8.8	-4.17	11.1	-9.84
山西	26.43	20.22	-0.03	-1.75	18.03	-8.66
吉林	43.23	23.07	4.28	2.48	6.18	-1.29
贵州	29.09	29.47	20.78	-1.82	6.78	-10.03
新疆	40	16.32	5.59	-0.92	9.61	-11.49
甘肃	29.34	22.54	17.64	-0.6	11.89	-1.41
海南	21.77	16.03	14.75	-3.05	14.48	-15.74
宁夏	36.47	14.92	3.54	-5.33	9.57	-1.9
青海	33.57	21.75	12.92	-14.99	11.51	6.79

注：表中并未列出所有年份的人均税收增长率，但并不影响对该变量在此期间变化趋势的观察。

资料来源：国家统计局。

三是解释变量 jg_{it}，即税收结构。根据理论假设，流转税比重的下降、直接税比重的上升更有利于调节收入分配，实现发展成果的共享，因而，本书将各省级地区所得税与其主要流转税（营业税与增值税之和）之比的变化情况作为对当地税收结构调整的衡量。

6.1.2.2 其他变量

模型（1）、模型（2）中设置的控制变量包括：（1）经济开放度（wai_{it}），通过公式（地方进出口额/本地生产总值）计算加以衡量；（2）经济结构（san_{it}），用第三产业占比来表示；（3）城镇化率（cz_{it}），即各地区年末总人口中城镇人口所占比重；（4）地方财政分权（fen_{it}），其衡量方法有收入分权、支出分权、综合分权（陈俊华、刘娜，2021[①]），本书使用支出分权［人均省级本级财政支出/（人均中央本级财政支出 + 人均省级本级财政支出）］加以衡量，以反映具体财政资金配置使用情况；（5）财政自给度（zi_{it}），即各地区当年一般公共预算支出中本级政府一般公共预算收入所占比重，以反映地方政府对自有财力的依赖程度；（6）人口增长率（g_{it}），利用公式（各地区年末总人口/各地区上一年度年末总人口 - 1）计算得出。

6.1.2.3 数据来源

此处所使用的 30 个省（自治区、直辖市）2011—2020 年的面板数据均来自《中国统计年鉴》、各省区市历年统计年鉴，以及各省区市国民经济和社会发展统计公报。主要变量选择及统计性描述结果如表 6 - 2 所示。

表 6 - 2　　　　　　　　变量统计性描述

变量类型	变量名称	样本量	均值	标准差	最小值	最大值
被解释变量	短期共享发展指数（GX_{it}^1）	300	0.5159	0.1594	0.2033	1.0285
解释变量	人均税收增长率（$rtax_{it}$）	300	8.4155	10.7867	-28.8600	43.2300
	税收结构（jg_{it}）	300	44.4768	14.9862	21.8100	112.0300
控制变量	经济开放度（wai_{it}）	300	0.2744	0.2901	0.0076	1.4721
	经济结构（san_{it}）	300	49.1524	8.9835	32.6000	83.8000
	地方财政分权（fen_{it}）	300	0.8603	0.0367	0.7858	0.9368
	财政自给度（zi_{it}）	300	0.4971	0.1895	0.1514	0.9314
	城镇化率（cz_{it}）	300	0.5901	0.1222	0.3504	0.8958
	人口增长率（g_{it}）	300	0.5067	0.9940	-3.0700	3.2300

[①] 陈俊华，刘娜. 财政分权对保障性住房供给效率的影响研究［J］. 财政研究，2021（9）：56 - 70.

6.1.3 实证结果与分析

6.1.3.1 基准回归分析

基准结果如表6-3所示。在加入控制变量，并同时控制省份固定效应和年份固定效应后，列（2）结果显示，人均税收增长率（$rtax_{it}$）和共享发展水平（GX_{it}^1）的回归系数为-0.0009，并在5%的水平上显著，即随着减税政策的实施，各地区人均税收增长率的下降会促使当地共享发展水平有所提升。

虽然本书采取固定效应面板模型进行的基准回归基本上较好地控制住了那些不随时间变化且不可观测变量的影响，但依然存在由于"逆向因果"，或遗漏重要变量等原因导致的内生性问题。为此，本书参考郗曼等（2021）[①]学者的做法，将解释变量的一期滞后项（$rtax_{it-1}$）作为工具变量。一方面，当期人均税收增长率明显受到前期人均税收变动的影响；另一方面，前期税收情况与本期误差项ε_{it}里包含的因素并不相关，可有效减少内生性问题。表6-3报告了相应的回归结果，其中，列（3）中的F统计量为11.2359，大于10，可基本排除"弱工具变量"的可能。此外，列（4）中的结果显示，解释变量人均税收增长率（$rtax_{it}$）系数为-0.0036，且依然在5%的水平下显著，可保证检验结果的合理性。

表6-3　　　　　　短期视角下基准模型回归结果

变量	基准回归		工具变量估计	
	（1）	（2）	第一阶段（3）	第二阶段（4）
$rtax_{it-1}$			0.2460 *** (0.0737)	
$rtax_{it}$	-0.0025 *** (0.0005)	-0.0009 ** (0.0004)		-0.0036 ** (0.0016)
cz_{it}	0.8221 *** (0.0986)	-0.3354 (0.2652)		-0.4995 * (0.2653)

[①] 郗曼，付文林，范燕丽. 财政依赖与地区减贫增收——基于国家级贫困县面板数据的实证研究［J］. 财政研究，2021（7）：66-79.

续表

变量	基准回归		工具变量估计	
	(1)	(2)	第一阶段 (3)	第二阶段 (4)
wai_{it}	-0.2103*** (0.0453)	-0.1266*** (0.0426)		-0.1592*** (0.0460)
san_{it}	0.0058*** (0.0007)	-0.0009 (0.0015)		-0.0004 (0.0015)
g_{it}	-0.0122** (0.0050)	-0.0151*** (0.0040)		-0.0128** (0.0051)
zi_{it}	0.2751*** (0.0613)	0.2556** (0.1028)		0.3521*** (0.1141)
fen_{it}	-0.1781 (0.1818)	1.5590*** (0.4024)		1.6344*** (0.3936)
常数项	-0.1543 (0.1374)	-0.5480 (0.4009)	52.0886 (56.4166)	-0.4978 (0.3696)
省份固定效应	No	Yes	Yes	Yes
年份固定效应	No	Yes	Yes	Yes
观测值	300	300	300	300
k-P wald F 统计量			11.2359	

注：*，**，***分别代表在10%、5%、1%的水平下显著；括号内表示回归系数的稳健标准误。下同。

6.1.3.2 稳健性分析

为保证估计结果的稳健，本书将采用以下方法重新对模型进行估计。

（1）删除直辖市样本

省、自治区和直辖市虽然都是我国省一级的行政区，但所设立的直辖市要么是首善之区，要么是经济中心，要么是承担国家重要战略布局的地区，因而，在享受国家政策、体现城市定位功能等方面要优于一般省级地区，具有一定的特殊性，故在基准模型基础上删除直辖市样本，并再次进行回归。结果如表6-4列（2）所示，人均税收增长率（$rtax_{it}$）和共享发展水平（GX_{it}^1）的回归系数为-0.0007，并在10%的水平上显著，即解释变量的估计系数与前文结果基本一致，且依然通过显著性检验，由此说明本书所验证的结论是稳健的。

（2）变换核心解释变量

表5-3中的基准回归结果是在剔除人口因素后得出的，但如前文所述，各地的经济规模会影响当地的税基丰裕程度，进而影响人均税收增长率，同时，经济规模还对各地方的共享发展前提产生影响。因此，为更精准地衡量减税程度，本书参考陈俊华、刘娜（2021）①的做法，将上述所测算出的各省级地区人均税收增速乘以当地经济规模的缩减因子（$1 - GDP_{it}/GDP_t$）后重新作为核心解释变量（其中，GDP_{it}为省级地区i在第t年的地区生产总值，GDP_t为全国第t年的国内生产总值），并在此基础上对基准模型加以回归。回归结果如表6-4列（4）所示，变换后的人均税收增长率（$crtax_{it}$）和共享发展水平（GX_{it}^1）的回归系数为-0.0009，并在5%的水平下显著，再次验证了结论的稳健性。

表6-4　　　　　　　　稳健性检验结果

变量	剔除直辖市		变换核心解释变量		变换检验时间跨度 GX_{it1}^1	
	(1)	(2)	(3)	(4)	(5)	(6)
$rtax_{it}$	-0.0024*** (0.0005)	-0.0007* (0.0004)				
$crtax_{it}$			-0.0026*** (0.0005)	-0.0009** (0.0004)		
$rtax_{it1}$					-0.0080*** (0.0008)	-0.0054*** (0.0015)
常数项	0.0741 (0.1278)	-1.3538 (0.3512)	-0.1604 (0.1378)	-0.5515 (0.4018)	-0.3596** (0.1468)	-0.2720 (0.9103)
控制变量	Yes	Yes	Yes	Yes	Yes	Yes
省份固定效应	No	Yes	No	Yes	No	Yes
年份固定效应	No	Yes	No	Yes	No	Yes
观测值	260	260	300	300	300	300

（3）变换检验时间跨度

近年来，我国进行了大规模的减税降费，同时我国经济也进入了新的发

---

① 陈俊华，刘娜. 财政分权对保障性住房供给效率的影响研究 [J]. 财政研究，2021 (9)：56-70.

展阶段。随着新发展理念的提出，共享被摆在了发展的根本目标方位，在"以人民为中心"的发展理念驱动下，共享发展水平不断上升，简言之，减税与共享发展之间或许存在固有相关性。为了对这一问题加以解决，本书在此变换检验的时间跨度。由于新发展理念于2015年提出，而我国自2008年金融危机后便将减税作为一项重要的积极财政政策，故将检验的时间跨度重新设置为2008—2015年，这样既可将减税政策继续包括在内，也能尽可能地排除其他有关促进共享政策的干扰。回归结果如表6-4列（6）所示，人均税收增长率（$rtax_{it}$）和共享发展水平（GX_{it}^1）的回归系数为-0.0054，并在1%的水平下显著，表明结论依然是稳健的。

6.1.3.3 异质性分析

（1）地区间的异质性分析

由于社会经济基础、要素禀赋结构、自然地理环境等因素的异质性会导致不同地区的减税程度对于当地共享发展的影响效应存在一定差异，因此，本书将从东、中、西部的区域性差异上对异质性问题加以考察。具体结果如表6-5所示。

表6-5　异质性检验结果

变量	东部地区 (1)	中部地区 (2)	西部地区 (3)	短期共享发展指数 (4)	(5)
$rtax_{it}$	-0.0022** (0.0009)	-0.0022*** (0.0005)	0.0001 (0.0005)		
$lrtax_{it}$				-0.0004 (0.0004)	
$srtax_{it}$					-0.0005* (0.0003)
常数项	-0.9809 (0.6066)	-1.3709*** (0.4125)	1.0608** (0.5244)	-0.5305 (0.4135)	-0.4989 (0.4122)
控制变量	Yes	Yes	Yes	Yes	Yes
省份固定效应	Yes	Yes	Yes	Yes	Yes
年份固定效应	Yes	Yes	Yes	Yes	Yes
观测值	120	90	90	300	300

各地方政府的减税行为对当地共享发展水平的影响，在东部和中部地区显著负相关，即减税政策的实施会提升当地共享发展水平。其中，东部地区人均税收增长率（$rtax_{it}$）和共享发展水平（GX_{it}^1）的回归系数为 -0.0022，在5%的水平下显著；中部地区人均税收增长率（$rtax_{it}$）和共享发展水平（GX_{it}^1）的回归系数同样为 -0.0022，并在1%的水平下显著。但在观察西部地区相关结果时，则未得出相同结论。出现这一结果可能的原因是：与东、中部地区相比，西部地区由于自身区位劣势，经济发展相对落后，税基较为薄弱，长期以来，更依赖于中央财政拨款。因此，减税政策的推行对于这些原本税收水平就较低的地区无法产生显著影响。

（2）不同税类选择下的异质性分析

近年来，我国持续性地开展减税工作，减税政策也颇为丰富，由前章对金融危机后减税政策所做的梳理可发现：一方面，减税政策出台的次数较多，尤其是2018年以后，各项减税政策频频出台；另一方面，减税政策中所涉及的税种较多，以期实现的目标类型也有不同。对此，仅从整体税收增幅角度探究减税政策对共享发展的影响效应略显单薄，如何进一步识别不同类型税种的影响效应及具体影响层面则构成了一个重要的方面。虽然前章列举的税种颇多，但就影响力而言，最为重要的还是营业税、增值税、所得税等。因此，本书首先分别将人均营增税增长率（$lrtax_{it}$）和人均所得税增长率（$srtax_{it}$）作为解释变量①，并依次代入基准模型进行回归，以考察不同税类的减税过程对共享发展的影响效应。从表6-5的列（4）、列（5）可以看出，一是在不同税类的选择下，其增长降幅对共享发展的助推作用呈现出明显的异质性。其中，人均所得税增长率（$srtax_{it}$）和共享发展水平（GX_{it}^1）的回归系数为 -0.0005，并在10%的水平下显著；反观流转税类的系数仍为负，但未通过显著性检验。究其原因，虽然对流转税类的调整会涉及初次分配，但流转税易于转嫁，其政策效果的发挥不容易掌控，因此，在减税过程中，对流转税类的减征效果更体现在调节税收结构的延伸作用上。二是通过比较表5-3和表5-5中的回归结果可发现，相比于税收总额（系数为 -0.0009），所得税（系数为 -0.0005）的增长降幅对共享发展的影响效应明显较小。这说明在减税政策

---

① 人均营增税增长率，即人均增值税与营业税之和的增长率；人均所得税增长率，即人均企业所得税与个人所得税之和的增长率。

的设计与执行中,要注重"顶层规划",比起聚焦于某类税种的"单打独斗",更要打好各类减税的"组合拳",以继续发挥好"1+1>2"的政策效果。

各项减税举措的针对目标不同,因此,本书进一步考察各税类在共享发展推进中的具体影响层面。短期视角下的共享发展包括发展(共享前提)和共享(共享结果)两大维度,各维度下又分别设置了三项具体指标,故本书以此检验各税类的减税过程对共享发展不同维度下具体指标的影响效果,以考察减税举措是否针对不同的目标类型都能发挥出相应的作用,结果如表6-6、表6-7所示。

表6-6 流转税对共享发展具体层面的检验结果

变量	人均地区生产总值	人均固定资产投资	劳动参与度	城乡共享度	地区收入指数	群体共享度
	(1)	(2)	(3)	(4)	(5)	(6)
$lrtax_{it}$	-0.0002 (0.0006)	-0.0019 (0.0020)	-0.0005 (0.0009)	0.0005* (0.0003)	-0.0006 (0.0007)	-0.00004 (0.0004)
常数项	3.1719*** (0.5902)	-11.5653*** (2.2440)	0.3790 (1.1672)	0.3542 (0.2864)	1.7927** (0.7700)	0.1096 (0.3863)
控制变量	Yes	Yes	Yes	Yes	Yes	Yes
省份固定效应	Yes	Yes	Yes	Yes	Yes	Yes
年份固定效应	Yes	Yes	Yes	Yes	Yes	Yes
观测值	300	300	300	300	300	300

对于流转税,虽然在共享发展整体层面未发现显著影响,但分享结果表明减税举措会对城乡共享度产生显著影响。然而,值得关注的是,这种影响方向与其他检验结果相反,即人均流转税增长率的放缓会使得城乡共享水平下降。这可能是由于流转税是商品生产和商品交换下的产物,随着商品的生产、加工和流通,各项流转税也被纳入其中,并往往被转嫁到消费者身上,换言之,消费者基本上是流转税的最终纳税人。而在我国的消费群体中,城镇居民显然是主力军,在此情况下,流转税的减负会降低过快上涨的商品价格水平,由此带来的好处则主要由城镇居民享有,因此,反而降低了城乡共享度。

对于所得税,减税过程不仅会从共享发展整体层面产生显著影响,也会从不同的层面产生影响。其一，人均所得税增长率的放缓会增加固定资产投资，提高地区收入指数。很明显，企业所得税负的下降有利于激发企业更大的投资热情，个人所得税负的下降也会提高当地居民收入分配比例。其二，与流转税的影响效应相同，人均所得税增长率的下降会降低城乡共享水平。所得税，尤其是个人所得税在我国当前更体现为一种工薪税，且纳税主体主要是城镇工薪收入处于一定水平以上的群体，而这类群体往往为城镇居民，因此，个税税负减轻所带来的好处依然主要由城镇居民享有。

表6-7　　　　　所得税对共享发展具体层面的检验结果

变量	人均地区生产总值	人均固定资产投资	劳动参与度	城乡共享度	地区收入指数	群体共享度
	(1)	(2)	(3)	(4)	(5)	(6)
$srtax_{it}$	-0.0001 (0.0004)	-0.0028* (0.0016)	-0.00001 (0.0005)	0.0005*** (0.0002)	-0.0009* (0.0005)	-0.0003 (0.0003)
常数项	3.1726*** (0.5936)	-11.3748*** (2.2197)	0.3367 (1.1519)	0.3289 (0.2852)	1.8601** (0.7645)	0.1409 (0.3877)
控制变量	Yes	Yes	Yes	Yes	Yes	Yes
省份固定效应	Yes	Yes	Yes	Yes	Yes	Yes
年份固定效应	Yes	Yes	Yes	Yes	Yes	Yes
观测值	300	300	300	300	300	300

综合而言，自减税政策实施以来，所涉及的减税类型较多，几乎涵盖了所有的税种，而不同类别的税种由于其自身特性的不同，亦会对共享发展的不同层面产生相应的影响，由此进一步说明要注重减税政策的整体设计和相互配合，从而更好地发挥出推动短期视角下共享发展的作用。

6.1.3.4 关于税收结构机制的再考察

通过模型（2）的回归，以进一步检验减税过程中税收结构调整是否同样发挥了影响效应。表6-8列（3）结果显示，人均税收增长率（$rtax_{it}$）与共享发展水平（GX_{it}^1）的回归系数为-0.0008，并在10%的水平下显著；税收结构（jg_{it}）与共享发展水平（GX_{it}^1）的回归系数为0.0012，且在5%的水平下显著。由此说明，自2012年我国开始推行"营改增"以来，各地方最主要的一项税收——营业税逐步退出中国历史舞台。虽然为保障地方政府的既有财力水平,已将增值税在央地两级的分享比例提升至五五分成,但在减税政策的大力实施下,增值税税率不断下调,使得地方流转税比重亦随之下降。而以营业税、增值税为代表的流转税具有明显的累退性,其征收过程不利于利益的公平分配;相对而言,以所得税为代表的直接税由于累进性的特点,且不易于转嫁,能够更具针对性地调节各经济主体间的利益分配,促进发展成果共享。随着直接税比重的上升、流转税比重的下降,各地区共享发展水平也会有所提高。

至此,理论假设1成立。

表6-8 税收结构机制的检验结果

变量	(1)	(2)	(3)
$rtax_{it}$		-0.0026** (0.0005)	-0.0008* (0.0004)
jg_{it}	0.0014** (0.0006)	0.0013** (0.0006)	0.0012** (0.0006)
常数项	-0.6254 (0.4143)	-1.3538 (0.3512)	-0.6012 (0.4012)
控制变量	Yes	Yes	Yes
省份固定效应	Yes	No	Yes
年份固定效应	Yes	No	Yes
观测值	300	300	300

6.2 减税政策对长期视角下共享发展的影响效应及作用机制检验

根据前章理论阐述可看出,短期视角下,减税对于共享发展的作用主要体现在"促增长、调分配"上,而这两个层面正是该视角下共享发展的实质表现,因此,减税对于短期视角下的共享发展更体现为一种直接影响。相较而言,长期视角下,减税的持续实施对于共享发展的影响更为复杂。为了对相关影响效应及其中的中介作用机制加以验证,本书将采取以下实证策略对所设理论假设是否成立加以检验。

6.2.1 影响效应的检验设计

根据本书的研究假设，减税对长期视角下的共享发展会形成阻力，故在此先通过模型（3）、模型（4）对此加以检验。式中各变量说明如下：

$$GX_{it}^2 = \beta_0 + \beta_1 rtax_{it} + \beta_2 X_{it} + \mu_i + \nu_t + \varepsilon_{it} \tag{3}$$

$$GX_{it}^2 = \rho_0 + \rho_1 zb_{it} + \rho_2 X_{it} + \mu_i + \nu_t + \varepsilon_{it} \tag{4}$$

（1）被解释变量 GX_{it}^2 为上一章测算得出的各地区2011—2020年长期视角下的共享发展指数。

（2）解释变量人均税收增长率（$rtax_{it}$），相关解释同本书6.1.2所述，此处不做赘述，其对应参数 β_1 的数值可反映人均税收增长率的放缓趋势对长期视角下共享发展的影响效应。解释变量 zb_{it} 为各地区民生支出中税收收入所占比重①（以下简称税收支出比），其对应参数 ρ_1 的数值可反映各地方政府民生领域支出中税收占比的下降趋势（见表6-9）对长期视角下共享发展的影响效应。对于此处设立两项解释变量需要做出的说明是，不论是人均税收增长率，还是税收支出比都是对我国政府减税力度衡量的代理变量，因此，必须满足两点要求：一是能够从数据上直观反映政府的减税成效（表6-1和表6-9的数据变化趋势表明选取的两项代理变量均能满足这一条件）；二是能够满足本书的研究意图。由理论阐述中可知，一方面，需要通过实证检验减税所造成的地方自有财力上的压力是否会影响地方民生领域的投入保障，进而对长期视角下共享发展的推进产生阻力，对此，人均税收增长率的放缓趋势反映了减税对各地方税收收入造成的冲击，因而，应继续将其作为一项解释变量纳入实证检验中。另一方面，需要通过实证检验减税导致的地方政府民生领域支出中税收来源的减少是否会影响地方民生领域的支出效益，进而对长期视角下的共享发展产生阻力，对此，税收支出比的下降趋势反映了各地方民生支出中自有税收能力的不足，因而，同样应作为一项解释变量纳入实证检验中。

---

① 具体计算公式为：税收总额$_{it}$/（教育支出$_{it}$+文化传媒支出$_{it}$+社保就业支出$_{it}$+医疗支出$_{it}$+城乡社区支出$_{it}$+环保支出$_{it}$）。对于支出项目的选择，主要考虑到应与长期视角下选择的共享发展衡量指标相对应，使得相关研究能够保持前后一致，从而更具针对性和说服性。

表6-9　各省区市2011—2020年税收支出比变化趋势

省份	2011年	2012年	2014年	2016年	2018年	2020年
广东	1.45	1.40	1.42	1.22	1.12	1.03
江苏	1.36	1.36	1.36	1.22	1.15	0.97
山东	1.03	0.99	1.02	0.84	0.86	0.73
浙江	1.62	1.61	1.53	1.27	1.20	1.18
河南	0.60	0.57	0.60	0.49	0.48	0.46
四川	0.94	0.90	0.90	0.55	0.56	0.50
湖北	0.71	0.71	0.77	0.62	0.62	0.41
湖南	0.54	0.53	0.55	0.46	0.49	0.45
河北	0.76	0.73	0.73	0.58	0.58	0.47
福建	1.29	1.17	1.20	0.85	0.84	0.78
上海	1.71	1.68	1.74	1.39	1.30	1.36
北京	1.76	1.57	1.53	1.21	1.18	1.12
安徽	0.67	0.65	0.68	0.61	0.55	0.51
辽宁	1.00	0.96	0.83	0.64	0.64	0.53
陕西	0.67	0.66	0.64	0.48	0.60	0.53
江西	0.67	0.67	0.76	0.60	0.50	0.45
重庆	0.66	0.57	0.66	0.60	0.57	0.49
广西	0.56	0.55	0.54	0.43	0.37	0.34
天津	0.91	0.82	0.80	0.69	0.89	0.84
云南	0.64	0.63	0.63	0.47	0.45	0.42
内蒙古	0.70	0.68	0.62	0.58	0.61	0.55
黑龙江	0.59	0.55	0.53	0.39	0.39	0.27
山西	0.74	0.75	0.72	0.55	0.71	0.58
吉林	0.59	0.61	0.60	0.47	0.45	0.35
贵州	0.57	0.59	0.69	0.58	0.52	0.40
新疆	0.61	0.60	0.59	0.46	0.49	0.37
甘肃	0.32	0.34	0.41	0.32	0.34	0.28
海南	0.84	0.84	0.91	0.73	0.73	0.53
宁夏	0.51	0.52	0.55	0.38	0.40	0.36
青海	0.28	0.28	0.35	0.25	0.26	0.22

注：表中并未列出所有年份的税收支出比，但并不影响对该变量在此期间变化趋势的观察。
资料来源：国家统计局。

(3) X_{it} 为一组控制变量，此处在模型中设置的控制变量依然包括经济开放度（wai_{it}）、经济结构（san_{it}）、人口增长率（g_{it}）、城镇化率（cz_{it}）、财政分权（fen_{it}）、财政自给度（zi_{it}），各变量的含义和计算公式同本书6.1.2。

此外，i、t 分别代表省（自治区、直辖市）和年份；β_0、ρ_0 为常数项；μ_i 和 ν_t 分别代表省份固定效应和年份固定效应；ε_{it} 为扰动项。

6.2.2 中介作用机制的检验设计

根据本书的研究假设，在长期视角下所要检验的不仅仅是税收上的减少对共享发展的影响，更要进一步验证减税是如何通过一定的中介作用机制影响共享发展的。其中，这一中介作用机制既可能来自民生领域投入保障的力度不足，也可能来自民生领域支出效益的降低，然而，相较于前者，这种阻力更体现在民生领域支出效益的降低上。对于这一理论逻辑是否成立还需进一步通过实证模型逐步加以证实。

首先，通过模型（5）、模型（6）检验长期减税对民生领域投入保障的影响，通过模型（7）检验长期减税对民生领域支出效益的影响，以初步判定两者的中介机制是否成立[①]。

$$msex_{it} = \eta_0 + \eta_1 rtax_{it} + \eta_2 X_{it} + \mu_i + \nu_t + \varepsilon_{it} \tag{5}$$

$$px_{it} = \theta_0 + \theta_1 rtax_{it} + \theta_2 X_{it} + \mu_i + \nu_t + \varepsilon_{it} \tag{6}$$

$$xl_{it} = \delta_0 + \delta_1 zb_{it} + \delta_2 X_{it} + \mu_i + \nu_t + \varepsilon_{it} \tag{7}$$

式（5）、式（6）中，被解释变量 $msex_{it}$ 为 i 地区 t 年人均民生支出（取对数），考虑到应与长期视角下选择的共享发展衡量指标相对应，故所涉及的支出项目分别为：教育支出、文化传媒支出、社会保障及就业支出、医疗卫生支出、环境保护支出、城乡社区支出；px_{it} 为 i 地区 t 年民生支出偏向，即 2011—2020 年我国各省级地区财政一般预算支出中相应民生支出占比[②]。

[①] 对于该检验需要说明的是，虽然目前文献中对于中介调节的检验多是直接采用下述模型（8），即通过直接检验系数乘积的方式，但也有学者提出：在这一方式下得出的结果即使显著，也只能说明间接效应的存在，而无法核实中介传导过程是否成立（温忠麟、叶宝娟，2014），故本书加入模型（5）、模型（6）、模型（7），以切实验证减税过程是否如理论所言只影响了民生领域支出效益，以提高本书结论的可信度。

[②] 具体计算公式为：(教育支出$_{it}$ + 文化传媒支出$_{it}$ + 社保就业支出$_{it}$ + 医疗支出$_{it}$ + 城乡社区支出$_{it}$ + 环保支出$_{it}$)/(财政一般预算支出$_{it}$)。支出项目的选择理由同上文。

此处之所以选择两项被解释变量是根据理论阐述中所言，地方民生领域的投入保障应从横向规模和纵向比例两个方面加以衡量，因此，分别选择人均民生支出（规模角度）和民生支出偏向（比例角度）作为民生领域投入保障的代理变量。解释变量人均税收增长率（$rtax_{it}$）对应参数 η_1 和 θ_1 的数值可分别反映各地方人均税收增长率的放缓趋势对人均民生支出和民生支出偏向的影响；其余变量含义同式（3）。

式（7）中，被解释变量 xl_{it} 为 i 地区 t 年民生支出效益，为了对其加以衡量，本书根据投入产出比原则，将"共享发展指数 GX_{it}^2/人均民生支出 $msex_{it}$（取对数）"作为反映民生支出效益的代理变量，且该变量值越大代表地方政府一定的民生支出会带动更高的共享发展水平，即民生支出效益越好，反之亦然。解释变量 zb_{it}（税收支出比）对应参数 δ_1 的数值可反映各地方政府民生领域支出中税收占比的下滑趋势对相应支出效益的影响；其余变量含义同式（3）。

式（5）、式（6）选择人均税收增长率作为解释变量，式（7）选择税收支出比作为解释变量的理由如前文所述。

其次，利用模型（8）检验减税政策的实施是否会通过扭曲民生支出效益进而对长期视角下的共享发展形成阻力。其中，税收支出比与民生支出效益交互项（$zb_{it} \times xl_{it}$）的对应参数 λ_3 可反映减税政策实施过程中，民生支出中自有税收能力的不足是否会通过降低政府民生支出效益而对长期视角下的共享发展产生影响；其余变量含义同式（3）。需要说明的是，对这一假设检验的前提是长期减税对民生领域的投入保障并未产生显著影响，其对民生事业发展的影响主要体现在支出效益上。换言之，若式（5）和式（6）中存在能通过显著性检验的情况，那么还需通过相同的模型设置对民生领域投入保障的中介调节效应加以检验。

$$GX_{it}^2 = \lambda_0 + \lambda_1 zb_{it} + \lambda_2 xl_{it} + \lambda_3 zb_{it} \times xl_{it} + \lambda_4 X_{it} + \mu_i + \nu_t + \varepsilon_{it} \qquad (8)$$

6.2.3 数据来源及变量描述性统计

该部分所使用的各省级地区 2011—2020 年相关数据来自《中国统计年鉴》、各省区市历年统计年鉴，以及各省区市国民经济和社会发展统计公报等。主要变量选择及统计性描述结果如表 6-10 所示。

表 6-10　　　　　　　　　变量描述性统计

变量类型	变量名称	样本量	均值	标准差	最小值	最大值
被解释变量	长期共享发展指数（GX_{it}^2）	300	0.3894	0.0862	0.1908	0.6464
解释变量	人均税收增长率（$rtax_{it}$）	300	8.4155	10.7867	-28.8600	43.2300
解释变量	民生支出税收占比（zb_{it}）	300	0.7208	0.3368	0.2200	1.7600
中介变量	人均民生支出（$msex_{it}$）（取对数）	300	8.7252	0.4517	7.7103	9.8868
中介变量	民生支出偏向（px_{it}）	300	0.5219	0.0492	0.4006	0.6479
中介变量	民生支出效益（xl_{it}）	300	0.0445	0.0093	0.0239	0.0719
控制变量	经济开放度（wai_{it}）	300	0.2744	0.2901	0.0076	1.4721
控制变量	经济结构（san_{it}）	300	49.1524	8.9835	32.6000	83.8000
控制变量	地方财政分权（fen_{it}）	300	0.8603	0.0367	0.7858	0.9368
控制变量	财政自给度（zi_{it}）	300	0.4971	0.1895	0.1514	0.9314
控制变量	城镇化率（cz_{it}）	300	0.5901	0.1222	0.3504	0.8958
控制变量	人口增长率（g_{it}）	300	0.5067	0.9940	-3.0700	3.2300

6.2.4 实证结果与分析

6.2.4.1 基准回归结果

长期视角下，各基准模型回归结果如表 6-11 所示。在同时控制省份固定效应和年份固定效应，并加入控制变量后，列（1）结果显示，人均税收增长率（$rtax_{it}$）的变动对共享发展指数（GX_{it}^2）的系数为 -0.00004，且未通过显著性检验，说明减税对地方自有税收水平造成的冲击并未对长期视角下共享发展的推进产生显著影响。列（2）结果显示，税收支出比（zb_{it}）的变动对共享发展指数（GX_{it}^2）的系数为 0.0511，且在 5% 的水平下显著，说明减税导致的地方民生支出中税收来源比重的下降会对长期视角下共享发展的推进产生显著的负向影响。由此表明，若单从地方财政压力的角度出发，并未发现减税与长期视角下的共享发展之间存在显著关系；但若从税收是否可以作为地方发展民生事业主要来源的角度出发，则发现减税与长期视角下的共享发展之间存有显著关系。究其原因，可能如同理论分析所言，虽然减税政策的实施会对长期视角下的共享发展产生阻力，但其中的作用机制更体现在民生支出与税收来源不对等造成的支出效益降低上。对此，还需通过后续实证检验进一步加以核实。

表6－11　　　　　　　　　长期视角下基准模型回归结果

变量	GX_{it}^2		$msex_{it}$	px_{it}	xl_{it}	GX_{it}^2
	（1）	（2）	（3）	（4）	（5）	（6）
$rtax_{it}$	-0.00004 (0.0002)		-0.0003 (0.0005)	-0.0001 (0.0002)		
zb_{it}		0.0511** (0.0218)			0.0079*** (0.0024)	0.0155* (0.0088)
xl_{it}						9.2880*** (0.1125)
$zb_{it} \times xl_{it}$						-0.8098*** (0.1927)
cz_{it}	0.0193 (0.1449)	0.0044 (0.1384)	0.2433 (0.3138)	0.1253 (0.1318)	0.0005 (0.0153)	0.0033 (0.0141)
wai_{it}	0.0214 (0.0271)	0.0008 (0.0286)	-0.0947 (0.0601)	-0.0251 (0.0283)	0.0014 (0.0031)	-0.0119*** (0.0034)
san_{it}	0.0015 (0.0009)	0.0015 (0.0009)	0.0025 (0.0015)	0.0011 (0.0007)	0.0001 (0.0001)	0.0002** (0.0001)
g_{it}	0.0025 (0.0045)	0.0038 (0.0045)	0.0033 (0.0098)	0.0023 (0.0042)	0.0005 (0.0005)	-0.0006 (0.0004)
zi_{it}	-0.1075* (0.0566)	-0.1548*** (0.0566)	0.1257 (0.1408)	0.0441 (0.0641)	-0.0201*** (0.0063)	0.0188*** (0.0071)
fen_{it}	0.1976 (0.1828)	0.3018 (0.1896)	9.2338*** (0.4922)	0.3821* (0.2205)	-0.0052 (0.0213)	0.3224*** (0.0247)
常数项	0.1867 (0.2258)	0.0803 (0.2323)	0.0283 (0.5224)	-0.0576 (0.2355)	0.0432* (0.0258)	-0.2876*** (0.0239)
控制变量	Yes	Yes	Yes	Yes	Yes	Yes
省份固定效应	Yes	Yes	Yes	Yes	Yes	Yes
年份固定效应	Yes	Yes	Yes	Yes	Yes	Yes
观测值	300	300	300	300	300	300

列（3）、列（4）结果显示，人均税收增长率（$rtax_{it}$）的变动不论对人均民生支出（$msex_{it}$）还是对民生支出偏向（px_{it}），都未通过显著性检验，从而验证了理论分析的结果：一是从横向规模的保障角度，减税政策的实施不会对地方民生支出水平产生显著影响；二是从纵向比例的保障角度，减税同样不会对地方民生支出偏向产生显著影响，即减税不会对民生领域的投入保障产生显著影响。虽然长期减税政策的贯彻执行会引发地方财政压力，更有不少学者指出财政压力下的地方政府会降低民生性公共服务支出偏向，但此处出现这一结果的原因可能是，随着我国经济社会的发展，人民群众对于美好生活需求的日益提高，使得不少民生性公共服务支出项目成为一种刚性需求，不会随地方收入的减少呈现下降的趋势。此外，近年来，"共享发展""共同富裕"已逐渐从"目标层"转向了"实践层"，在党中央的高度重视和政策目标导向下，也会防止民生领域投入弱化的情形出现。

列（5）结果显示，税收支出比（zb_{it}）与民生支出效益（xl_{it}）的回归系数为0.0079，并在1%的水平下显著，由此说明，随着减税力度的不断加大，各地区相应民生支出中税收所占比重不断下降会导致当地政府支出效益降低。这一结果产生的原因可能在于，与中央相比，各地方政府对于本地方各公共服务项目供需水平的信息掌握更具优势。但长期减税任务的执行会导致各地方政府自有财力水平不断下降，且多依赖中央下达资金，缺乏资金使用上的自由，造成民生项目的发展往往存在供给与需求相脱节的状态。如广东、河南等人口大省，所需公共服务数量明显较多，而青海、宁夏等地虽地处西部，但人口稀少，所需公共服务理应较少。但在相关资金的下达过程中，部分重要因素考虑不足，使得该领域财政投入效益明显不高。

至此表明在检验人均税收增长率对长期视角下共享发展的影响效应过程中无须进一步检验民生领域投入保障的中介调节作用，而在检验税收支出比对长期视角下共享发展的影响效应过程中还需进一步检验民生领域支出效益的中介调节作用。列（6）结果显示，交互项（$zb_{it} \times xl_{it}$）系数为－0.8098，并在1%的水平下显著，表明长期减税造成民生支出中自有税收能力的不断下降，确实会通过扭曲地方政府的支出效益而阻碍共享发展水平的提升。

综上所述，本书的理论假设2得以验证。

6.2.4.2 民生领域投入保障机制的进一步检验

(1) 考虑减税的滞后效应

由于减税所引起的税收变动可能不会立即影响当期政府财政支出决策，即人均税收增长率的变动对民生领域支出水平和偏向可能产生一定的滞后效应，进而对长期视角下的共享发展产生一定的滞后效应，故只通过基准模型可能无法准确检验出其中的关系。由此，本书使用各地区人均税收增长率的一期滞后项来替换当期项，并仍然采用双向固定效应对处理的数据进行回归估计，结果由表6-12所示。各项系数依然未通过显著性检验，从而进一步核实了理论分析结果。

表6-12 民生领域投入保障机制的进一步检验结果：考虑减税的滞后效应

变量	GX_{it}^2	$msex_{it}$	px_{it}
	(1)	(2)	(3)
$rtax_{it-1}$	0.0001 (0.0003)	-0.0004 (0.0004)	-0.0003 (0.0002)
常数项	0.1997 (0.2337)	-0.0325 (0.5259)	-0.0959 (0.2376)
控制变量	Yes	Yes	Yes
省份固定效应	Yes	Yes	Yes
年份固定效应	Yes	Yes	Yes
观测值	300	300	300

(2) 考虑初始指标设置的不足

对于长期视角下全面共享水平的测度应当构建全面而科学的指标体系。本书初始选取的指标体系虽存在合理性，但不可避免会存在一定的片面性，因此，在数据可获得的情况下对部分维度的指标进行替换或添加，以避免因指标选取不足或不当而造成结果偏误。对此，一是省略政治层面的共享指标，扩充社会层面的共享指标。这一做法主要是由于，一方面，政治共享层面的指标或是不易把握，或是相关数据不易获取；另一方面，相较而言，社会层面的公共服务更能切实给人民群众带来幸福感和满足感。因此，在社会层面添加"医疗保险参保率"以进一步反映居民普遍关心的社会保障完善程度，同时添加"城镇人均住房面积"以反映居民又一关切的问题——住房保障状况。二是生态层面,添加"人均二氧化硫排放量(吨/人)""建成区绿化覆盖率"两项指标,以体现生态环境和绿色生活在人民意识中的重要性不断提升的趋势。三是经济层面,添加"人均城市道路面积"以进一步体现经济建设给居民日常生活带来的便捷。四是文化层面,添加"人均互联网接入用户"以反映信息时代下人民更倾向于通过电子、网络等方式获取不同来源的知识。在此基础上重新测度各地区 2011—2020 年长期视角下全面共享指数,并再次代入原模型进行回归,结果如表 6-13 所示①。各变量回归系数同样未通过显著性检验,再次核实了理论分析结果。

表 6-13　民生领域投入保障机制的进一步检验结果:考虑初始指标设置的不足

变量	GX^2_{itl}	$msex_{itl}$	px_{itl}
	(1)	(2)	(3)
$rtax_{it}$	0.0001 (0.0002)	-0.0002 (0.0003)	-0.0004 (0.0005)
常数项	0.2034 (0.2189)	-0.0432 (0.7145)	-0.1496 (0.3157)
控制变量	Yes	Yes	Yes
省份固定效应	Yes	Yes	Yes
年份固定效应	Yes	Yes	Yes
观测值	300	300	300

6.2.4.3　民生领域支出效益机制的稳健性检验

对于减税过程中,税收支出比的下降趋势对长期视角下共享发展的影响效应及民生支出效益的中介调节机制是否成立,还需进一步检验其结果的稳健性。对此,本书将从以下几个方面对相关模型重新加以估计。

一是同样考虑减税的滞后效应,回归结果如表 6-14 所示。其中,列(1)结果显示,税收支出比的一期滞后项(zb_{it-1})与长期视角下共享发展的回归系数为 0.0365,并在 10% 的水平下显著;列(2)结果显示,税收支出比的一期滞后项(zb_{it-1})与民生支出效益(xl_{it})的回归系数为 0.0055,并在 5% 的水平下显著;列(3)结果的交互项($zb_{it-1} \times xl_{it}$)系数为 -0.6385,

---

① 出于上述与共享指标相对应的原则,此处的人均民生支出和民生支出偏向中增加"住房保障支出"项目。

并在1%的水平下显著。以上回归结果表明，各解释变量的估计系数及其显著性通过与否与基准回归结果均保持一致，较好地说明了检验结论的稳健性。

表6-14　　　　稳健性检验结果：考虑减税的滞后效应

变量	GX_{it}^2 (1)	xl_{it} (2)	GX_{it}^2 (3)
zb_{it-1}	0.0365* (0.0212)	0.0055** (0.0023)	0.0155* (0.0093)
xl_{it}			9.1665*** (0.1195)
$zb_{it-1} \times xl_{it}$			-0.6385*** (0.2025)
常数项	0.1700 (0.2193)	0.0572** (0.0245)	-0.3279*** (0.0265)
控制变量	Yes	Yes	Yes
省份固定效应	Yes	Yes	Yes
年份固定效应	Yes	Yes	Yes
观测值	300	300	300

二是同样考虑初始指标设置的不足，回归结果如表6-15所示①。其中，列（1）结果显示，税收支出比（zb_{it1}）与重新测算的长期视角下共享发展（GX_{it1}^2）的回归系数为0.0332，并在5%的水平下显著；列（2）结果显示，税收支出比（zb_{it1}）与民生支出效益（xl_{it1}）的回归系数为0.0072，并在5%的水平下显著；列（3）结果的交互项（$zb_{it1} \times xl_{it1}$）系数为-0.8215，并在1%的水平下显著。以上检验结果依然表明了检验结论的稳健性。

三是删除直辖市样本。出于对直辖市的特殊性考虑，本书依然通过删除其样本来检验相关模型的稳健性，回归结果如表6-16所示。其中，列（1）结果表明，税收支出比（zb_{it}）与共享发展指数（GX_{it}^2）的回归系数为0.0424，并在10%的水平下显著；列（2）结果显示，税收支出比（zb_{it}）与民生支出效益（xl_{it}）的回归系数为0.0063，同样在10%的水平下显著；列

---

① 同样出于与共享指标相对应的原则，此处的民生支出效益和税收支出比中增加"住房保障支出"项目。

(3) 结果的交互项（$zb_{it} \times xl_{it}$）系数为 -0.9905，并在1%的水平下显著。上述结果表明各解释变量估计系数的符号与基准回归结果保持一致，且都通过了显著性检验，再次较好地说明了理论假设2结论的稳健性。

表6-15　　　　稳健性检验结果：考虑初始指标设置的不足

变量	GX^2_{it1}	xl_{it1}	GX^2_{it1}
	(1)	(2)	(3)
zb_{it1}	0.0332**	0.0072**	0.0232**
	(0.0452)	(0.0068)	(0.0192)
xl_{it1}			9.0231***
			(0.2211)
$zb_{it1} \times xl_{it1}$			-0.8215***
			(0.3178)
常数项	0.4589	0.0622**	-0.4912**
	(0.4519)	(0.0891)	(0.0628)
控制变量	Yes	Yes	Yes
省份固定效应	Yes	Yes	Yes
年份固定效应	Yes	Yes	Yes
观测值	300	300	300

表6-16　　　　稳健性检验结果：删除直辖市样本

变量	GX^2_{it}	xl_{it}	GX^2_{it}
	(1)	(2)	(3)
zb_{it}	0.0424*	0.0063*	0.0260**
	(0.0297)	(0.0032)	(0.0105)
xl_{it}			9.3047***
			(0.1284)
$zb_{it} \times xl_{it}$			-0.9905***
			(0.2470)
常数项	0.0398	0.0404*	-0.3086***
	(0.2034)	(0.0228)	(0.0200)
控制变量	Yes	Yes	Yes
省份固定效应	Yes	Yes	Yes
年份固定效应	Yes	Yes	Yes
观测值	260	260	260

四是变换民生支出效率的测算方法。在基准回归检验中使用的民生支出效率采用了较为简单的计算方法,但考虑到共享发展是一个较为复杂的实现过程,需要采用更为严谨的测算方法。在此虽仍以各地区共享发展指数为产出指标,并以各地区促进共享发展所对应的教育、环保、城乡社区、医疗、社保、文化传媒支出为投入指标,但使用 DEA(数据包络分析法)重新计算 2011—2020 年各省级地区共享发展推进中相应民生领域支出总效率($crste_{it}$),其值越接近于 1,说明该地区民生支出效率越高。在变换了民生支出效率测算方法后再次对模型加以检验,结果如表 6-17 所示。其中,列(1)税收支出比(zb_{it})与共享发展指数(GX_{it}^2)的回归系数及显著性同基准回归结果;列(2)结果显示,税收支出比(zb_{it})与民生支出效益($crste_{it}$)的回归系数为 0.1108,并在 1% 的水平下显著;列(3)结果的交互项($zb_{it} \times crste_{it}$)系数为 -0.0685,同样在 1% 的水平下显著。回归结果表明本书研究假设 2 的结论依旧稳健。

表 6-17　　稳健性检验结果:变换民生支出效率测算方法

变量	GX_{it}^2	$crste_{it}$	GX_{it}^2
	(1)	(2)	(3)
zb_{it}	0.0511**	0.1108***	0.0217*
	(0.0218)	(0.0333)	(0.0117)
$crste_{it}$			0.6684***
			(0.0100)
$zb_{it} \times crste_{it}$			-0.0685***
			(0.0177)
常数项	0.0803	0.6114*	-0.2890***
	(0.2323)	(0.3576)	(0.0315)
控制变量	Yes	Yes	Yes
省份固定效应	Yes	Yes	Yes
年份固定效应	Yes	Yes	Yes
观测值	300	300	300

需要说明的是,长期视角下的稳健性检验并未同短期视角下一样采取变换检验时间跨度的做法,这是因为,短期视角下主要检验的是减税这一举措是否有助于提升当前发展阶段下的共享发展水平,因此必须排除其他外在政

策对共享发展情况的干扰。相较而言，长期视角下主要检验的是长期减税行为对地方政府自有税收能力的冲击，以及在这种减税力度下无法将税收作为地方民生支出的主要来源是否会对共享发展的推动产生阻碍，即检验了不论是否存在外部有利政策，这种阻碍的存在性，故此处无须采取同样的做法以提高检验结果的准确性。

6.2.4.4 地区异质性分析

与短期视角下的做法相似，同样出于对地区差异的考虑，本书进一步从东、中、西部的区域性差异上对异质性问题加以考察，具体结果如表6-18所示。然而，长期视角下的结果与短期视角下的结果截然相反。

表6-18　　　　　　　　地区异质性检验结果

变量	东部地区	中部地区	西部地区
	（1）	（2）	（3）
xl_{it}	9.8406*** (0.1877)	8.1709*** (0.3164)	9.5935*** (0.1658)
zb_{it}	0.0007 (0.0108)	-0.0195 (0.0233)	0.0708*** (0.0114)
$zb_{it} \times xl_{it}$	-0.7333 (0.2223)	-0.0569 (0.5771)	-1.7165*** (0.2918)
常数项	-0.4000*** (0.0291)	-0.0570 (0.0499)	-0.3017*** (0.0455)
控制变量	Yes	Yes	Yes
省份固定效应	Yes	Yes	Yes
年份固定效应	Yes	Yes	Yes
观测值	120	90	90

注：根据本书研究的重点，本表只对模型（8）进行异质性检验。

首先，西部地区各变量系数的符号和显著性均与前文结论相符，即列（3）的税收支出比（zb_{it}）系数为0.0708，效率（xl_{it}）系数为9.5935，交互项（$zb_{it} \times xl_{it}$）系数为-1.7165，且都在1%的水平下显著。究其原因，西部地区多年以来一直是中央财政补助的重点地区，这也在一定程度上影响了该地区政府的税收努力，尤其是在减税政策的实施背景下，该地区更依赖于中央拨款以发展当地民生，而在中央政府信息不对称，以及地方政府缺乏对非自有资金的使用关注度等因素影响下,该地区民生投入效益愈加低下,进而影响当地共享发展水平的提升。

其次,中部地区仅效率(xl_{it})对共享发展(GX_{it}^2)的系数8.1709在1%的水平下显著,其余两项系数均未通过显著性检验。进一步观察则发现,税收支出比(zb_{it})与共享发展指数(GX_{it}^2)的回归系数符号与前文结论相反,即税收支出比的下降会提高当地共享发展指数。这可能是由于中部地区对于中央财政的依赖度要低于西部,但中部地区的经济发展水平相较于东部省市还较为落后,在以GDP为中心的政绩考核驱使下,当地政府将更多的自有财力投向短期见效快的经济建设项目上。随着减税政策的实施,该地区政府的自有税收能力下降,并更多依靠中央划拨资金。虽然资金的使用效率可能不高,但由于加大了民生领域的投入,反而可能对该地区共享发展水平的提升起推动作用。

最后,东部地区各变量系数的符号虽与前文结论相符,但不论是税收支出比(zb_{it})还是交互项($zb_{it} \times xl_{it}$)均未通过显著性检验。这说明由于东部地区的经济较为发达,因此,该地区政府会愈加重视与经济发展程度相匹配的民生领域,以吸引更多高端人才的进入,从而更好地带动当地经济发展。加之该地区政府自有财力较为充足,即使在减税过程中,其税收支出比有所下降,也不会从根本上影响当地民生支出效率。换言之,减税政策的实施不会对该地区共享发展的推进产生显著影响。

此处需要说明的是,长期视角下的异质性分析只考虑了地区的异质性,而未同短期视角下一样,对不同的税类采取异质性分析。这主要是由于长期视角下所检验的是持续性减税对地方自有财力的侵蚀以及由此对地方民生支出效率造成的不利影响是否会对全面共享的实现产生阻碍,显然,这种阻碍与税种的类型无关,不论何类税种的减税都会削弱地方政府的自有财力水平,而地方政府自有财力能力的下降也势必对整个民生建设产生影响,因此,无须进一步细分检验。

6.3 本章小结

中国经济正迈向高质量发展新阶段,在此期间,减税降费的持续实施发挥了提振经济、兜牢底线的作用。根据最新中央经济工作会议部署中强调的"更加精准、具有针对性的减税退税降费政策",减税降费将作为我国较长时期持续运用的措施而存在,在此过程中,"与民轻税"的做法能否进一步推动"经济发展更好地服务于人的发展",已成为社会各界关注的焦点。本书从短长期不同发展阶段下对共享发展的重点要求出发,分别构建了共享发展的评价体系,在此基础上检验了减税政策的实施对共享发展的影响效应。实证分析结果表明:

短期发展视角下:(1)伴随着我国减税政策的有效落实,各地人均税收增长幅度不断下滑,有力地为当地经济增长注入动力,并缩小了收入分配差距,进而发挥了提升我国各地区共享发展水平的积极作用。在变换核心解释变量形式、删除部分样本、改变检验时间跨度后,上述结论仍旧成立。(2)不同的地域、不同税类的选择都会导致减税政策对各地共享发展的影响存在异质性。其中,不同地区下,各地方政府的减税行为对当地共享发展水平的影响在东、中部地区显著负相关,而在西部地区并未呈现出相同结果。不同税类选择下,相较于流转税,所得税的减税效果更为显著,且各税类对于共享发展推进中具体层面的影响效果也不同。(3)我国的减税过程中还会涉及税收结构的调整,这一举措同样会对各地共享发展水平的提高起到积极作用。

长期发展视角下:(1)迈向高收入国家的中国需达到更高层次的共享发展,实现全面共享。这也意味着对各级政府,尤其是地方政府在民生领域的工作开展提出了更高质量的要求,不仅需加大投入,更要注重投入效益。而在减税政策实施下,地方政府自有税收能力呈现出极度不足的状态,虽然转移支付能有效弥补地方财力紧缺,但由于信息不对等、收支不协调等,会导致民生领域支出效益低下,进而阻碍了共享发展水平的提升。(2)上述结果亦存在明显的地区异质性,且与短期视角下的结果截然相反。其中,西部地区各变量系数的符号和显著性均与前文结论相符;中部地区的解释变量(税收支出比)和交互项系数不仅未通过显著性检验,且存在解释变量系数符号与前文结论相反的情况;东部地区的解释变量和交互项系数也未能通过显著性检验。

鉴于以上结论,本书将对我国当前的税收政策提出更具针对性的优化建议。

第 7 章

共享发展目标下税收政策的改善与配套措施

不断做大经济"蛋糕",并通过合理的制度保障分好"蛋糕",从而实现共享发展,达到共同富裕。面对新时期下的新任务和新要求,"深化我国税收制度改革"不能仅停留在经济层面,应顺势转换到国家治理层面进行布局。其中,减税任务作为关键性的一环,要继续完善与优化,强调促进发展的同时,更多兼顾社会公平性,以助推共享发展。综合理论和实证分析结果表明,在接下来的税收政策制定中,还需立足当前发展形势,并结合长远发展目标,以进一步优化税制结构为总方向。不仅要继续完善当前各项减税政策,还需考虑通过适时打造地方性主体税种等举措,增强地方自有税收能力,从而形成税收权力与民生支出责任相对等,以切实发挥财税在共享发展推进中的积极作用。与此同时,完善的税收体系建设虽然是政府实施收入分配的重要工具,但并非唯一工具。Bird and Zolt (2005) 指出,个人所得税的收入分配职能在发展中国家所能发挥的作用有限,相较而言,财政支出政策更具收入分配效应[1]。由此可见,对于共享发展的推进还需将目光放宽至整个财政范畴,并将税收工具视为整体财政政策的一个有机组成部分。除此之外,共享发展是一个宏大的工程,在调整和完善财政政策的同时,还应注重社会管理制度和环境的建设,为推进共享发展创造良好的外部条件。

7.1 共享发展导向下需继续优化税制结构:从间接税到直接税

改革开放之初,为了做大经济"蛋糕",邓小平同志提出先让一部分人

---

[1] Bird, R. M, Zolt, E. M. The limited role of the personal income tax in developing countries [J]. Journal of Asian Economics, 2005, 16 (6): 928-946.

和一部分地区富起来,由先富带后富。如今,中国已拥有较为雄厚的经济实力,部分地区和群体也尝到了改革开放带来的甜头,接下来的任务重点则是推动先富带后富,以实现共同富裕。然而,根据泰勒所提出的"禀赋效应",即与即将拥有的东西相比,人们更看重自己已经拥有的东西①,表明让先富者主动放弃既得利益是其难以忍受的。因此,"富者越富、穷者越穷"的马太效应只会愈演愈烈,如何在中国的经济"蛋糕"已做大的基础上,做好"蛋糕"的划分成为一个亟待解决的难题。对此,还需构建初次分配、再分配、三次分配协调配合的基础性制度,税制的改革方向也必然要以稳定初次分配、强化再分配、引导三次分配为主线。

前文的理论和实证都已阐明,间接税的累退性不仅不利于收入分配的调节,反而有拉大差距的反作用。相较而言,直接税的累进性更能起到缩小收入差距、助力共享发展的推动作用。随着"营改增"的全面完成,以及围绕着增值税的减税政策不断推出,我国当前的税制结构已呈现出凸显直接税价值、降低间接税比重的改革趋势。但这一改革并非能在一朝一夕间完成,还需循序渐进,既要立足于我国的现实情况和改革路线,也要有所创新,勇于突破。

其一,在当前减税降费的政策背景下,将税制结构的优化与以减税为核心的税制改革有机结合。在此过程中需妥善处理好间接税和直接税的关系。我国多年来已在追求效率优先的发展模式下形成了以间接税为主的单主体税制结构,如今,这一发展模式虽已转向兼顾效率与公平,但以间接税为主体的税收格局一时间无法转变。一方面,与间接税相比,直接税带给纳税人的主观感受更为强烈;另一方面,根据实证检验结果,相较于间接税,直接税的增长降幅对共享发展的推进更具显著性影响,表明不论是在减税降费的政策环境下,还是在推进共享发展的前提下,都不适宜在短期内过多增加直接税以快速提高相应比重。为此,当务之急是要在分别优化直接税和间接税体系结构的过程中适当改善税制结构。具体而言,就当前间接税中的两大典型税种——增值税和消费税而言,前者不仅是我国第一大税种,而且更具累退性。因此,需继续完善各项增值税减税措施,在保持增值税中性原则的前提下,稳定降低其在税收总额中的比重。对于消费税来说,既要将部分"伪奢侈品"排除在外,以提升国民消费能力,也要着手将部分高消费奢侈行为纳

---

① 理查德·泰勒. 错误的行为 [M]. 王晋,译. 北京:中信出版社,2016.

入征税范围,通过"一增一减"基本保持稳定。直接税也应按照一定的阶段逐步优化,而当前的结构优化重点还在于逐渐提高个人所得税所占比重,且提高的对象是拥有高资本收入来源的群体,同时对劳动群体则需顺应减税潮流继续降低其税负。

其二,待时机成熟时全方位提升直接税的调节功能。发挥直接税的调控功能需要一定的收入规模作为支撑。目前,我国的直接税主要包括个人所得税、企业所得税,以及由车船税、车辆购置税、房产税等构成的财产税[①]。其中,财产税类结构混乱,虽税种众多,但收入规模普遍较小,且存在重复征收等问题,其职能的发挥远滞后于其他税类。因此,随着我国财产登记制度的建立与完善,税收征管数字化、信息化程度的提高,监管体制的基本健全,可逐一并适时将具有普遍征收特征的房地产税、遗产赠与税等作为地方政府的主要税收来源,以发挥财产税缩小财富分配差距的作用,提升地方政府的财政能力,为各地方政府增加民生支出,高效发展民生领域,各项公共服务建设持续发力,从而推动长期视角下的全民全面共享早日实现。

7.2 短期发展阶段需继续优化各项减税政策

以共享发展为出发点,依据理论阐述和实证结论,短期视角下,一方面,减税政策的实施有助于促进共享发展水平的提升,故在今后一段时期内减税降费的政策方向必须保持不变。另一方面,在减税政策实施过程中继续优化我国税制结构,同样是推进共享发展的重要抓手,且应将此作为税制改革的主要方向。然而,同上文所述,短期内要形成以直接税为主的税制结构明显有较大难度。因此,在这一发展阶段中,还需改善税收重点领域的各项减税政策,并在此过程中适当调整税制结构。

7.2.1 在减税中降低间接税比重

由理论分析可知,在当前继续实施改善间接税结构的减税政策,有助于

---

① 郭健,谷兰娟,王超. 税制结构与共同富裕——兼论经济发展水平的门槛效应 [J]. 宏观经济研究,2022 (4):64-80,129.

经济持续稳定增长，保障共享基础；通过减税降低间接税比重，有助于扭转我国整体税制的累退性，从而改善居民收入分配状况，促进成果共享，以此助力短期视角下共享发展水平的提升。从实证检验结果看，间接税的减税过程对于共享发展的推进虽未通过显著性检验，但以降低间接税比重为主要方向的税制结构改革确实有助于提升短期视角下的共享发展水平。其中，增值税和消费税不论从税收规模角度，还是所涉及的纳税主体广泛性角度，都是最具代表性的间接税种。因此，本书分别从这两项税种着手，提出改善建议。

7.2.1.1 继续完善增值税减税政策

通过对我国短期视角下共享发展现状的测算与描述可知：总体而言，与中、西部地区相比，东部地区具有较为明显的优势地位；从分项指标角度，各省的人均地区生产总值，即经济基础的差异最为明显。由此可见，发达地区与欠发达地区短期视角下的共享发展不仅存在显著差距，且多体现在经济基础上。因此，对于更注重经济效率调节的增值税而言，其进一步的减税和优化还需以两点为出发点：一是相关税收政策安排应更加注重提升中、西部欠发达地区的经济效率；二是在减税等优惠政策的设计和实施中还需尽量保持增值税中性原则，同时提高整体资源配置效率。

（1）扩大增值税抵扣范围

在"营改增"完成后，如何完善增值税抵扣链条便成为一项重点工作，不动产、国内旅客运输服务等已被纳入了抵税范围，但目前的抵扣机制仍需进一步完善。例如，将企业所支付的利息费用及直接相关的其他所需承担的增值税纳入进项抵扣范围，这对于成立初期需要借贷资金支持其发展的小新企业而言尤其重要。若无法对利息费用等相关进项进行抵扣，不仅导致增值税抵扣链条的断裂，还会加重企业流转税负，增加企业融资成本，变相造成行业间利益分配的不公。与东部发达地区相比，中西部地区企业规模普遍偏小，也更需要通过借贷支持其资金流动，因此，必须尽快打通增值税抵扣链条，允许将银行贷款利息纳入进项抵扣范围，从而更好地支持欠发达地区的企业成长和当地经济的快速发展。同时，出于对财政承受度的考虑，建议先试点贷款利息进项税额按固定比例加以扣除，或参考"不动产进项税额分期抵扣"的政策进行分期抵扣。

（2）调整增值税优惠体系

增值税作为一种中性税，虽然本身非常排斥减免税等优惠政策，但出于对特殊行业和群体的照顾考虑，相关优惠政策的安排必不可少，而对于我国当前的增值税优惠体系还需做出一定的调整。一是减免税的优惠条款尽量避免出现在生产、加工和批发等流通环节，改在消费终端环节更为合适。我国当前增值税的生产地原则，使得生产者在企业注册地缴纳相应税款，但实际税负却由消费地承担，这一做法显然不利于地区间的协调发展。此外，由于东部地区多为大型生产企业的注册地，将商品销售全国更会形成"东部发展由中西部买单"的现象。对此，不少学者都提出要将生产地原则转为消费地原则（吕冰洋等，2015[①]；刘怡等，2021[②]），但这需要对消费准确计算，且随着新型消费方式的不断更新，短期内无法有实质性突破，因此，短期内可通过一种折中的方式加以替代。将减免税的优惠条款集中在消费终端，不仅能降低商品和服务的最终消费价格，将减税降费的优惠真正落实到人民身上，也能改善地区间的税收不公平。二是针对免税产品，可考虑用零税率或低税率加以替代。由于免税产品不需交纳增值税，容易形成相关环节的抵扣链断裂，使得免税产品的购进方无法抵扣其进项税额，也会间接影响免税产品行业的正常发展。对于这一现象，若采取零税率或低税率加以替代，既可继续发挥对原免税产品的优惠作用，也可保持抵扣链条的完整，避免对资源配置与流向的干扰。

（3）继续简并下调增值税税率

我国现行增值税根据一般纳税人应税行为共分为13%、9%、6%三档税率（不考虑零税率），并针对小规模纳税人应税行为设置了5%和3%两档税率。过于复杂的税制会导致不同行业、不同业务的抵扣比例不一致，从而形成行业间的税负不公平，违背了增值税中性原则，因此，对于增值税税率（征收率）进一步简并已获得了各方共识。对于增值税税制的简化，可逐步将其简化为两档，即大部分商品服务适用基本税率，少数具有调节性和照顾性的生活用品则适用低税率。税率还需在财政承受范围内有所下调，以保障纳税人，尤其是现行的小规模纳税人利益不受侵蚀。

综上所述，对于增值税减税政策的制定与安排，一方面，注重维护增值税中性原则，以提高市场配置效率和我国经济整体运行效益，继续夯实共享基础；

[①] 吕冰洋，蔡红英，崔茂权．实现消费地原则的增值税改革：政府间财政关系的破解之策[J]．中央财经大学学报，2015（6）：3-9．

[②] 刘怡，张宁川，耿纯．增值税分享、消费统计与区域协调发展——基于增值税分享由生产地原则改为消费地原则的思考[J]．税务研究，2021（8）：28-34．

另一方面，充分考虑地区间经济实力的差距，以及由此带来的非共享状态。

7.2.1.2 及时调整消费税征收范围和税率

经过测算发现，我国短期视角下的成果共享在城乡间、地区间，尤其是群体间都存在明显差异，即居民间的收入差距较大。针对这一现象，间接税虽无法直接起到收入调节作用，但也可通过支出端有所作为。对此，相较于更需维持中性原则的增值税，消费税的设立初衷之一便是用于收入调节，促进社会公平，因此，还应及时调整消费税的征收范围和税率，更好地对居民间的利益加以调整。

一方面，需重点改革现行消费税征收范围中已成为居民日常生活消费品的商品所属税目。如小汽车，不少家庭都将其作为不可或缺的代步工具。以2021年为例，我国汽车产销量分别达到2608.2万辆和2627.5万辆[①]，表明小汽车，尤其是中档及以下的小汽车在逐渐退出奢侈品行列，对该类产品征收消费税已无法起到调节收入的作用。从绿色消费的角度，部分小汽车，如新能源环保汽车同样不应作为征税对象。因此，针对此类小汽车可采取以下征税方式：对于价格标准以下且属于新能源环保汽车类的给予免征处理；对于价格标准以下的其他类型小汽车以低税率征收。再如高档化妆品和金银首饰已成为大部分平常女性所青睐的消费品，对其征收消费税同样无法体现当代对高档产品消费行为的调节。建议将该类商品的起征点大幅提高，即对于价格标准以下的化妆品、金银首饰等给予免征处理。这样不仅能够满足新时期人民对美好生活的追求，也可降低部分中等及以下家庭或个人的税收负担，间接缩小其与高收入群体间的收入差距。

另一方面，对收入的调节，不能仅将征税的目光停留在商品上，还需将高奢消费行为逐步纳入征收范围，如赛马、高级会所娱乐行为等都是普通群众难以消费的，对此类行为实行征税可增加高收入群体的税收负担，以此缩小居民间的收入差距，提升共享程度。

7.2.2 在巩固和调整减税中完善所得税

针对所得税，根据实证检验结果，一方面，税制结构的优化、所得税比

---

① 数据来源于网站公开信息。

重的提高有助于改善各地区共享发展水平；另一方面，相较于流转税，所得税减税更能对各地共享发展产生促进作用。从中可以看出，对所得税不能单方面减税，要在巩固减税成果的同时注重调整，以维持税制结构转变方向。对于个人所得税和企业所得税，本书建议如下。

7.2.2.1 推动形成税基宽广、税率适中的个人所得税

个人所得税自设立以来，由于自身特征和属性，使其作为一项重要的再分配工具，与共享发展的实践路径天然契合。随着共享发展逐渐从理论层面上升至实践层面，我国的《个人所得税法》也迎来了第七次修订，以期与共享发展的推进形成迎合之势。本次《个人所得税法》的修订是个人所得税改革向前迈出的实质性一步，然而，也有部分学者通过研究测算发现，本次个人所得税改革并未充分发挥出调节收入分配、促进社会公平的作用（费茂清等，2020[①]；李晶、牛雪红，2022[②]）。而在对短期视角下共享发展的测算过程中已发现，相较于城乡间和地区间的收入分配状况，群体间的差异更为明显，即劳动要素与资本要素收入差距过大，但通过实证检验未发现所得税的减税过程对群体间的收入差距存在显著的改善作用，由此更加表明我国现行的个人所得税制还存在巨大的调整空间。不仅要巩固好当前的减税成果，以有效刺激各阶层群体积极加入共建当中，也要更积极地发挥好调分配、促公平的职能，以提高社会主义建设者，特别是广大劳动群体的成果共享度。

（1）巩固减税成果

其一，简并累进税率级次，并适当降低最高边际税率。虽然出于共享发展考虑，富人应该多缴税，但45%税率所针对的综合所得，属于一种劳动所得，调节的并非高收入群体所得，而是高劳动群体所得，适用的人群多是专家、科研工作者等。中国如今真正的富豪所获得的高额收入主要来自股权、股息、红利、财产转让等资本性所得，这一所得收入适用的税率统一为20%。由此表明，当前的个人所得税制并未发挥出对高资本低劳动的扭转作用，反而一定程度上加剧了这一现象。因此，本书以我国现实情况为依据，在借鉴国际经验的基础上，建议将现行的七级累进税率简并至五级累进税率。

---

① 费茂清，杨昭，周克清. 公平视角下我国新一轮个人所得税改革评价［J］. 财经科学，2020（7）：66－78.

② 李晶，牛雪红. 基于收入结构的个人所得税收入分配效应研究［J］. 宏观经济研究，2022（2）：16－26.

一方面，与国际相比，七级累进税率级次偏多，较为繁杂；另一方面，划分五级税率与经营所得保持一致，有利于后期将经营所得纳入综合征收范围。税率和级距的具体设定还需符合"提低、扩中、调高"的共同富裕政策导向。例如，可将前两级税率（3%、10%）级距合并，整体适用3%的税率；将三级、四级税率（20%、25%）合并，整体适用15%—20%的税率；后三级税率级距保持不变，将适用税率分别调整为25%、30%和35%。通过上述调整既能简化税制结构，也可缩小综合所得与资本性所得、偶然所得等其他所得的税负差距，以提升不同来源收入的税负公平，缓解劳动要素与资本要素间的收入差距。

其二，优化专项附加扣除项目。2019年1月1日起我国正式实行个人所得税专项附加扣除，并设置了子女教育、继续教育、大病医疗、住房贷款利息（住房租金）、赡养老人五项专项附加扣除项目。2022年3月28日，国务院再次设立了3岁以下婴幼儿照护个人所得税专项附加扣除，并自2022年1月1日起实施。专项扣除制度的实施有效减轻了纳税人，尤其是劳动群体的税收负担，接下来还应继续完善相关减税政策，进一步从公平的角度让广大劳动群体感受到相关减税政策给自身带来的好处。例如，对于子女教育，考虑到与义务教育阶段相比，学前教育和高等教育的支出压力明显更大，因此，对于这一扣除标准还有待细化，可根据我国当前教育支出所呈现出的"两头重中间轻"的特点，将相关标准按照义务教育阶段、学前教育阶段和高等教育阶段分设三档，逐级提高扣除标准，以体现其公平性。对于大病医疗，伴随着我国老龄化问题的加重，在独生子女政策的影响下，如今的劳动力群体所面临的赡养老人的压力日益提高，且这一压力的主要来源在于老人的医疗费用要远高于其他年龄段群体，故该项扣除未将父母包括在内显然是对我国现实因素考虑不周。此外，与正常纳税人相比，部分特殊群体，如残疾人往往要花费庞大的医疗支出，而相关扣除规定还未将纳税人群体做差异性区分。对于这些问题的优化，一是要将纳税人的父母及其配偶父母纳入扣除对象；二是对部分纳税人实行特殊照顾，如对残疾人群体或其他弱势群体的扣除限额提升至正常纳税人群体的1.5—2倍[①]，且允许其超出限额部分往后递延扣

---

① 国家税务总局厦门市税务局课题组. 进一步优化综合与分类相结合个人所得税的对策建议[J]. 税务研究，2022（2）：67–71.

除。对于住房扣除，还需将"首套住房贷款利息"改为"家庭唯一住房贷款利息"，以避免因认定问题而引起的不公。对于赡养老人，还应对其年龄和数量做差异化规定，如2位老人以内扣除2000元，超过2位老人按2000乘以数量系数确定扣除限额；80岁以下老人扣除2000元，超过80岁同样按2000元乘以年龄系数确定扣除限额。此外，可将扣除范围扩大至虽未满60岁但已失去劳动能力或自理能力的被赡养人。

其三，对于高端人才实施税收优惠政策。经济的持续发展是共享发展的前提，这一点对于短期视角下还处于社会主义初期阶段的中国尤为重要，而经济的高质量发展离不开人的作用，特别是高端人才的加入。为此，可借鉴海南自由贸易港高端紧缺人才个人所得税政策，对于符合一定条件的优秀人才，其实际税负超过15%的部分予以免征。

（2）发挥个税调分配、促公平的作用

首先，加大综合征收范围。对于短期视角下共享发展水平的提升，关键性任务在于加大对收入的调节力度，税收工具，尤其是所得税对各利益主体间的分配作用最为直接。但在减税降费的宏观政策背景下，从企业层面提升所得税比重显然不符合政策方向和意图，那么，对于个税的调整便显得更为重要。综合而言，个人所得税再分配职能的发挥不仅得益于其累进性，还依赖其平均税率。从平均税率角度，个人所得税的平均税率为个人收入中个税税额所占比重，然而，我国个税税额规模较小，以2021年为例，个税收入占全国总税收的比重仅为8%，如此过低的税收规模和过低的平均税率使得个人所得税的调节功能发挥得始终不够理想。因此，在巩固个税减税成果之后，还需扩大税基，特别是要扩大个税的综合征收范围，逐渐将高收入人群收入占比较大的资本性所得、财产性所得纳入其征收范围，从而在提高个税规模、增加直接税所占比重的同时，充分通过累进税率发挥个税的收入调节功能，切实缩小劳动要素与资本要素的收入差距。

对于综合所得范围的扩大，从实践角度可先将经营所得纳入其中。一方面，经营所得同样具有劳动属性；另一方面，通过上一步改革，综合所得形成了五级累进税率，且最高边际税率为35%，与经营所得的征收差异已明显较小，将经营所得率先纳入综合征收范围改革难度较小。在此过程中，还可适当提高资本性、财产性所得的比例税率，强化对财产性收入较多的高收入群体的税收调节，并在时机成熟时将该类所得纳入综合征收范围。此外，随着我国经济的快速发展，居民获取收入的渠道和方式也呈现出多样化趋势，在此情况下，现行的"正列举法"应税方法存在着越来越明显的局限性，会将许多新型方式收入、隐性收入等排除在外。因此，可将个人所得税的征收方式由现行的"正列举法"改为"反列举法"，即明确规定免税收入和不征税收入，而将其余所有收入均纳入综合征收范围，以进一步扩大税基，提高个人所得税比重，保障其扮演好再分配的角色。

其次，加大对高收入群体的调节力度。随着综合征收范围的扩大，除了劳动要素外，资本要素也将被纳入综合征收，不仅适用累进税率，同时也享有专项扣除，在此基础上，若继续对专项扣除采用定额方式，便会与纳税人的收入水平相脱节，不利于发挥专项扣除对收入分配的调节作用。而基本减除费用标准的定期上调，虽减轻了中低收入人群的税收负担，但也会缩小税基，降低个税收入规模，影响其职能的发挥。机械式地调高基本减除费用标准，受更高边际税率的影响，高收入群体税负下降幅度会比低收入群体更大，反而会导致收入调节功能产生逆效用[①]。对此，一方面，可引入专项扣除递减机制，当纳税人的收入达到一定层次后，随着其收入的增加逐级减少专项扣除额度。另一方面，引入基本减除费用的收入限制机制，将基本减除费用标准与收入水平反挂钩，将纳税人的税前基本扣除金额随着纳税人收入水平的提高而减少，直至减为零。将专项扣除、基本减除费用标准与纳税人收入相结合，不仅未对中等及以下收入群体的税收优惠产生冲击，又可控制平均税率的下降幅度，更好体现个税的量能负担原则。

在相关改革措施的安排和执行下，一方面，可逐渐增加我国以个人所得税为代表的直接税比重，完善我国税制结构；另一方面，亦可增强个税本身收入调节功能，进而继续推进共享发展水平的提高。

7.2.2.2 根据企业所在行业的不同实行差别化征收

有就业就有稳定收入，让不同层次的人群都端稳就业的"饭碗"是走向共享发展的重要途径，而企业的建立与发展正是提供就业机会的最佳渠道。为此，本着"稳就业""保基本民生"等目的，近年来，党中央对减税降费的实施力度不断加大，各项针对企业的税收优惠政策连连出台，以期激发市

---

① 徐多. 共同富裕视角下的个人所得税改革路径选择：促进经济发展还是缩小收入差距[J]. 河南社会科学，2022（5）：45-55.

场活力，形成以创新创业带动就业，不断扩大就业的"蓄水池"。除此之外，劳动要素收入分配的公平程度高于资本要素收入①，通过相关税收优惠政策促进低收入群体就业，增加劳动要素收入份额，也可从企业所得税角度缩小我国当前群体间的较大收入差距，发挥税收的公平分配效应。

由此可知，各项针对企业的减税降费政策的实施不仅要减轻市场主体的税费负担，更要通过相关优惠政策对企业发展、产业聚集形成指引，但目前以"挤牙膏"形式为主的各类优惠政策往往给企业带来的获得感不强。如我国现行的企业所得税优惠政策中虽设置了固定资产加速折旧政策，但同时也在适用行业、固定资产的类别及优惠事项等方面都做出了诸多限制规定②；对于部分新兴产业，为尽快解决"卡脖子"问题，给予其研发加计扣除等一系列相关的企业所得税优惠政策，但由于这类产业中的企业往往处于长期亏损状态，使得这些优惠政策沦为无效激励。

针对以上种种，可改变以往繁杂的优惠方式，使得减税对象更加聚焦，优惠形式更加精简，以增加优惠对象的切实感受。如中小微企业、高科技企业以及未来有巨大潜力的新兴产业等直接适用最低税率；对于长年处于亏损境地的战略性新兴产业可延长其亏损结转年限，甚至可给予无限期结转优惠，以确保其大量的研发成本能够得以有效扣除；与此同时，出于对直接税比重的适当提高以继续优化税制结构的角度考虑，也可对包括娱乐行业在内的收入畸高产业施以重税，以此防止企业所得税因减税政策的实施而大幅度减少其规模和所占比重，也可有效引导社会投资和产业良性发展，加快现代化产业布局，还可对行业的利益分配起到调节作用。对于相关政策适用的对象及条件还需以规范的条文形式加以确定，并减少政策的波动性，从而稳定市场预期。

7.3 长期发展阶段需巩固地方自有税收能力

随着减税力度的不断加大，我国当前各地方所拥有的税收收入与地方财

---

① 岳希明，张玄. 优化税收收入分配效应的思考[J]. 税务研究，2021（4）：11–18.
② 冯海波，楼清昊. 多重约束条件下的我国企业所得税改革[J]. 税务研究，2022（4）：34–41.

政支出对比悬殊，不仅影响了地方治理的有效性，更影响了地方民生支出效益，阻碍了全面共享的推进。随着我国跨入高收入国家行列，居民的收入水平普遍达到了一个更高的层次，人们对公共服务的需求和美好生活的追求更胜以往，也对地方政府的民生支出与建设提出了更高的要求，这就需要相应的财力作为保障，尤其是要巩固地方政府的自有税收能力。对此，一方面可适时打造地方主体税种，在完善直接税体系，全面优化税制结构的同时，为地方带来充足稳定的税收收入。其中，作为财产税类的房地产税和遗产税，税源稳定，具有明显的地域特征，相比于商品税、所得税，更适宜成为地方主体税种，能为地方政府带来丰富的税收收入。与此同时，党的二十大报告在完善分配制度方面首提"规范财富累积机制"，表明与以往只注重对收入流量调节相比，往后还应同样重视对财富存量的调节力度，因此，通过该类税种的征收以增强对居民财富分配的调节也是对党中央政策精神的有效回应。另一方面也可逐步改善部分税种，在提高各地整体税收能力的同时，也能对缩小地区间的税收能力差距发挥作用。如资源税，该税种同样具有较强的地域性，且考虑到实证检验结果中，相较于东、中部地区，西部地区更易因为财力的不足致使其地方民生服务效益低下，从而阻碍当地共享发展的实现。因此，可通过对资源税的扩围与改善，为资源更为丰富的西部地区缓解财力困境。

7.3.1 尽快打造我国地方政府的主体税种

对我国长期视角下共享发展水平进行测算后发现，在"五位一体"的建设中，相较于经济和社会层面，文化、生态、政治领域的共享程度还比较低，且与短期视角下的共享发展相比，长期视角下的共享发展指数普遍偏低。换言之，不论从整体角度，还是在部分领域，我国当前长期视角下的共享发展层次偏低，不符合人民对美好生活越来越高的需求。本书的实证研究进一步说明，想要扭转这一局面，不仅需要保障对民生领域的财政投入，更需要提高投入效益，而在地方缺乏支持性税种、自身财力缺乏的情况下，只会降低支出效益，对此，要打造我国地方的主体税种，以缓解这一困境。

对于相关主体税种的选择，房地产税与遗产税是最佳选择。一是从其稳定性角度而言。例如，当前的土地出让金，虽长期以来对地方政府的收支缺口起到了相当程度的弥补作用,但随着我国大规模城镇化脚步的放缓和结束,这笔财政收入必然无法持续下去。相较之下,房地产税与遗产税税源稳定,尤其是房地产税更具有普遍征收的特点,能为地方政府带来稳定的财政收入。二是从其受益性角度而言。"营改增"的全面完成使得地方政府原本的主体税种——营业税退出了中国的历史舞台。虽然通过对增值税的五五划分有助于缓解地方政府财政压力,但增值税的生产地原则会引起地方政府的恶性竞争,导致地方政府重经济轻民生,长此以往,更不利于各地方发展当地民生事业。反观房地产税和遗产税属于受益税,即纳税人所缴纳的税款与其在当地所享有的公共服务相联系,缴纳税款越多,越需享受到更高水平的公共服务,从而形成地方政府的税收权力与民生支出责任相对等,由此,更能激发地方政府提高当地民生支出效益的动力。三是从财富调节角度而言。随着我国迈向新的发展阶段,人民的财富会得到更大程度的积累,此时,仅仅对收入流量进行调节显然存在不足。在房产保有环节征税,以及对遗产征税,更能体现对财富存量的调节,从而做到对两个环节的财富同时调控,更易于促进共享发展,实现共同富裕。

综合上述分析,房地产税和遗产税的征收既有益于利益的调节,也有助于维持地方政府自有税收能力,改善部分地区因民生事业发展收支不对应等而出现的支出效益不高的现象,进而提升各地全面共享水平。但新税的推行难免会引起部分群体的不满情绪。对此,一是需要在推行前做好舆论和宣传工作。如对于遗产税的开征,我国已讨论了很多年,但迟迟未着手推进,除考虑到技术手段的不完备外,公众,尤其是部分利益团体的排斥成为一大因素。因此,必须加强宣传,让富裕阶层认识到自身所承担的社会责任,且贫富差距的过大也会引起公众的仇富心理,引发社会动荡,更不利于国家和政府对其财产的保护。二是要把维护人民的利益作为初衷,科学推行两税。如对于房地产税的设立要以为居民提供更具满意度的公共服务为立法宗旨,真正用纳税人所交的"税"为其提供相应的公共服务,让纳税人对自己所获取的公共服务和所付出的"税"之间的性价比形成更为直观的感受。更具参考价值的做法是将房地产税的收入来源与支出路径一一列出发布于网站上供纳税人查询。这种做法不仅能够体现出房地产税"取之于民,用之于民",减少纳税人对新税种设立的抵制情绪,确保房地产税顺利开征,而且通过"用脚投票"促进地方政府真正了解居民对所需公共服务的诉求,让地方政府真正有动力去改善本地公共服务,从而有助于全面共享的民生性公共服务的供给与居民的心中所需相匹配。

7.3.2 继续改革资源税

2021 年我国税收总额为 17.27 万亿元,其中,资源税为 2288 亿元,仅占比 1.9%,从税收规模来看,资源税与上述几类税种无法相提并论,在对各地共享发展的推进中所能发挥的作用也较为单薄。但从实证检验结果和资源税的地区分布角度出发,则有必要对其整体建设和改革继续推进。

7.3.2.1 重新看待资源税的归属

当前我国的资源税除了海洋石油企业资源税以外,其他税收都划分为地方所有,同时,部分税目税率和优惠事项的决定权也赋予给了地方政府。这一做法有利于因地制宜地制定相关税收政策,不少学者也认为应将资源税作为地方政府的一项主体税种。如施文泼、贾康(2011)站在资源分布特点的角度指出,由于资源更具地域化,因此更适宜作为地方专有税种[①]。张海莹(2013)[②]、赵术高(2020)[③] 等学者则站在地方财政收入的角度,认为西部地区资源丰富,将其作为地区税收收入的主要来源,可充实当地财政收入。然而,将资源税划归为地方性税种,与法律依据相冲突。我国现行宪法第九条第 1 款规定"矿藏、水流、森林、山岭、草原、荒地、滩涂等自然资源都属于国家所有,即全民所有;由法律规定属于集体所有的森林、山岭、草原、荒地、滩涂除外"。将资源税作为地方性税种实质上是将国家所有的财产权固化为地方所有,明显不具有法律上的正当性。此外,将资源税部分税权赋予地方政府可能会导致消极影响,如部分资源大省为吸引外来投资,可能会通过轻征税的方式默许企业掠夺式的开采资源行为,无法真正解决西部地区的财政收入不足等问题,所造成的代际间资源享有的不公平也违背了真正意义上的全民共享。对此,还需重新审视资源税的归属问题,应将其作为中央

---

① 施文泼,贾康. 中国矿产资源税费制度的整体配套改革:国际比较视野 [J]. 改革,2011,(1):5-20.
② 张海莹. 我国资源税改革的意义、问题与方向 [J]. 当代经济管理,2013,(4):42-50.
③ 赵术高,周兵. 资源税改革:职能理念、分配关系与税制税权. [J]. 地方财政研究,2020 (1):65-77.

税以体现资源的国家所有。考虑到为资源丰富的中西部地区提供应有的税收收入，可将资源的分布状况、资源的开采量等作为对统一征收的资源税分配的重要指标。需要注意的是，所分配的资源税收入应作为各地方政府发展当地教育、医疗、生态修复等民生事业的资金来源。为避免地方政府对该项资金的使用再次出现本书中所验证的效率低下的状况，除上述指标外，还应将资源的利用效率、环境的修复程度及其他民生领域建设的提高水平等作为关键性分配指标，从而用更加强制的手段迫使地方推进当地企业绿色技术创新，以及对生态、社会等最迫切的民生问题加以重视，以更好地推进当地长期视角下的共享发展水平。

7.3.2.2 通过增围和提高税率等方式扩充资源税收入

资源是人类赖以生存和发展的先决条件，资源的稀缺性也使得各国意识到要提高其使用效率，资源税的设立正是以减少资源浪费、促进人类可持续发展为出发点。同时，部分资源丰富的国家和地区，还会通过资源税收入支持当地的公共服务建设[1]。着眼于我国，自1984年开征资源税以来，通过近40年的改革与发展，资源税的收入已有了快速增长的趋势，如2021年资源税的增长率高达30.4%。但就总体规模而言，还无法支撑地方的民生建设，也无法成为地区间利益分配格局形成中的重要影响因素。因此，还需继续拓展我国资源税税目，提高税率，以更加真实地反映资源的开发成本和稀缺性，并增强资源税对地方民生发展、区域间平衡发展、共享发展成果的贡献度。

一方面，拓展资源税征收范围。目前，我国的资源税主要以煤炭、石油、矿产等不可再生资源为主要征收对象，征收范围过窄，且在不可再生资源中，有不少的未列举矿产被排除在外。这不仅是国家对大部分资源税收权力的放弃，更会产生以不征税资源产品代替征税资源产品的市场扭曲和主体间的利益分配不公。必须正视这一问题，并通过分阶段的方式扩大资源税的征收范围，即充分考虑资源的储存量、开发程度和征管手段的成熟度等方面，先着手将非再生且不可替代的稀缺资源全部纳入征收范围，再在此基础上逐步将森林、草原、生物等自然资源纳入征收范围。这些资源虽可再生，但周期长，过多的消耗依然会对其产生极大的破坏性，因此，出于对环境的保护和对生态的修复考虑，必须将其全部扩围至资源税范畴。由于可再生资源存在再生

---

[1] 马蔡琛，赵笛. 基于高质量发展的资源税改革研究 [J]. 税务研究, 2022 (5): 40-46.

周期，且时间长短不一，故而对其税费的设置要充分考虑所要弥补的周期成本，即根据资源的不同特性设置不同的税费制度。

另一方面，提高资源税整体税率。我国当前资源税税率偏低是限制资源税作用发挥的主要因素之一。提高资源税税率，不仅可直接增加资源的利用成本，推动企业技术革新和生产结构升级，还可以增加资源税收入，使之成为助推地区经济、社会、文化等各个领域共同发展的一项重要资金来源。因此，在考虑企业整体税负的基础上，提高资源税税率，将落后、停滞不前的产能逐渐淘汰的同时促使大部分企业在压力和动力的双重驱使下开展降耗节能的技术突破。此外，对于税率的提高还需遵循"不可再生高于可再生、环境污染大高于污染程度小、稀缺度高的资源高于普通资源"的原则科学制定。

7.4 共享发展目标下的相关配套措施

对于共享发展的推进与实现，税收政策的改善是关键性的一环，但绝非唯一的有效工具，还需将目光放在整个财税体制，甚至社会管理制度层面。

7.4.1 理顺中央和地方政府间的财政关系

中央和地方间的财政关系不仅关乎国家财力的集中分散程度，更影响了各级政府经济社会管理职能的发挥。尤其考虑到"五位一体"全面共享的达成，既需要党中央的顶层设计和整体协调，也需要依靠各地方政府面向实际，为当地居民提供切实需求。为此，还需从以下几个方面着手，进一步理顺中央和地方政府的财政关系，以保障各级政府的民生职责。

7.4.1.1 进一步规范中央与地方事权与支出责任

目前我国地方政府几乎在用50%的财力去完成80%以上的支出责任，这明显增加了地方政府的负担，减弱了地方政府为本地区居民提供所需公共服务的能力，也不利于发挥地方政府在经济社会发展转变中的作用。因此，需将事权和支出责任进一步在中央与地方间加以规范：一是在确保地方依法履职的基础上，将诸如关系国家总体战略层面的事权适度向中央上移。在地方各级政府间，事权应该适当向省级上移，减少市县级承担的事权。二是规范政府间共有的财政事权。重点解决效益外溢、界限不清以及多级政府交叉和重叠的服务和事项的责任细化和落实，使得各项民生性公共服务的供给得到有效保障。三是建立动态调整机制。政府间的事权在划分时不能一步到位，必须循序渐进、分步推进。从一部分基本公共服务事权到全部公共服务事权，从公共服务事权到财政事权，从财政事权再到事权，逐渐提升政府满足公共需求的能力。四是在坚持中央政策和精神的前提下，允许地方有权就省以下的各级政府的事权的范围和归属进行自主调整和划分，以符合当地的实际需要。

7.4.1.2　重新划分中央和地方收入分配

为巩固地方自有税收能力的相关举措势必会拓宽地方税收来源，完善地方税收体系建设，并在此过程中增强地方支撑当地民生服务的能力，以推动各个地区全面共享水平的提升。但在目前减税降费的背景下，一方面，地方税收收入的有限性已成为各地发展当地民生事业的财政制约性条件；另一方面，开征新税种等举措在此阶段不宜实施。促进人民的全方位发展和社会的全面进步虽是一个长远的目标，但并不意味当前政府可以不作为。有必要重新调整和规范中央和地方的收入划分，为过渡期间地方政府投入民生建设，推进共享发展提供一定的自有收入基础。其重点任务包括：

一是调整收入归属，提高地方税收收入水平。一方面，稳步推进部分商品消费税的征收后移至消费环节，并下放给地方。其积极意义不仅在于能通过中央对地方的财力转移直接增加地方自有财政收入，而且通过征税环节的改变，有助于拉动消费，培育壮大地方税源。只推进部分商品消费税征收环节后移改革，是考虑到其后移过程会对地方政府税收收入、地方间的财力平衡等方面产生不同的影响，并考虑了征管的难易程度。如王文甫（2021）等学者研究发现，从地方附加税费收入的增加度和地方间的财力均衡度出发，应将成品油和小汽车的消费税征收环节后移[①]。万莹（2022）等学者则表示，应对零售环节有强制登记或税源较为集中、容易征管的商品（如机动车、游

---

① 王文甫，刘亚玲. 消费税征收环节后移改革的品目范围研究 [J]. 税务研究，2021（4）：70-76.

艇等）实行零售环节征收①。因此，还需综合考虑相关因素的影响，兼顾可行性和必要性原则，以避免消费税的征收后移产生不良甚至是恶化的后果。另一方面，视财力平衡的需要积极研究探索其他中央税划转地方的可行性，如车辆购置税，为地方政府提升自有财政能力做准备。

二是兼顾央地利益目标，优化共享税分成比例。目前，我国共享税不仅收入总量大、占比高，而且对企业与个人的生产生活影响极大。因此优化共享税的分成比例，不仅利于稳定中央、地方间的财力格局，而且还有助于确保中央的宏观调控需要以及地方民生性公共服务的保障能力。如针对西部地区政府自有财力的常年不足问题，除通过房地产税、资源税的调整保障外，还可视情况采取灵活且差别性的分成比例，以调高西部地区共享税分成比例，从而改善当地政府自有财力的常年困境。

三是下放部分地方税权，实现地方财政的合法增收。可将部分税种的税率和税基的调整权限考虑下放于地方；如果条件成熟可以考虑在中央管控的前提下将个别影响力仅限于本地的地方小税的开征权下放给地方，以确保地方增收税收收入的稳定性。此外，在非税收入方面，应提高地方相应的决策权，同时积极推进地方债市场化进程。

7.4.1.3 强化转移支付的调节功能

本书通过测算各地区共享发展指数发现，在我国多年的"中部崛起""西部大开发"等战略的实施下，以东、中、西部为划分单位的地区间差距已有了明显缩小，说明我国长期的政策导向已有所起色。但如今省际差异依然明显，与各地区居民共享经济社会各个领域发展成果的根本目标相矛盾，对此，还需在中央与地方的收支已明确划分的前提下，完善转移支付对地区间差距的调节功能，以解决当下社会公众不断增长的公共需求与现实存在的不平衡不充分的矛盾。

随着我国一般性转移支付比重的逐渐提高，转移支付方式和结构的不断优化，还需从以下几个方面继续强化转移支付的调节功能：（1）适时调整重点转移对象。从长短期不同阶段共享发展指数的测算结果中可以看出，在各省市共享发展指数普遍提升的过程中，原本落后的中西部地区部分省市在各项政策的多年扶持下已有了较好的发展，甚至呈现出赶超之势，反观东部地

---

① 万莹，王山. 我国消费税改革相关问题及应对 [J]. 税务研究，2022（3）：93-99.

区部分省市则出现了相对下滑。因此，对于转移支付的重点转移对象还需立足实际，适时给予调整，以更好地发挥转移支付的地区调节功能。（2）构建完善与市民挂钩的转移支付制度，以保障农村转移人口的共享权益。在对各地方政府进行转移支付时，要结合本地吸纳的外来人口规模，以及当地政府为提升本地民生保障所做出的努力，需要特别注意的是，为公平合理地分配公共资源，除了要将常住人口数量作为制度设计的重要考虑因素外，还需要考虑当地实际情况。如一些特大城市吸纳的大量外来人口中多数为高素养和技能型人才，为本地发展带来了强劲的动力，而老工业地区、民族地区吸纳的外来人口整体素质水平明显较低。因此，要同时考虑人口质量和规模，以便更加科学地确定转移支付对象和规模。（3）鼓励探索建立横向援助及补偿机制，为各地区居民共享发展的实现开辟更广泛的路径。例如，随着主体功能区的建设，各地区的发展功能与目标在得到细分的同时，各项民生性服务的提供能力和享有水平也必然产生差异。可在同级政府中，建立生态环境受益区与提供区之间的生态补偿转移支付制度。

7.4.2 构建民生财政，优化财政支出

当前阶段共享发展要实现人民收入的增长与公平分配，从长远角度要完成人民在经济、社会、文化、政治、生态等各个领域的全面共享，这些都需要民生财政给予支撑。通过对民生领域的投入不仅可以保障人民生存和发展的基本权益，提升国民整体素养，还可为先天条件不足的弱势群体通过就业创业以获取稳定增长的收入增加机会。从这个意义上说，民生财政的构建是改革发展成果由人民共享的最重要的保证和最直接的体现。然而，我国当前还存在突出的民生问题，主要集中在总量不足和结构失衡的民生性公共服务供给难以满足公众日益增长的社会公共需求，且造成了城乡差距、区域差距和社会阶层之间的差距。对此，还需继续优化财政支出结构，调动更多的财政资金投向民生领域，并确保向重点区域、重点项目和重点人群倾斜，提高财政投入效益，使传统财政由主要保障政府运转的经费需要为主，转变为以提供公共服务满足人们公共需要为主。

7.4.2.1 继续优化财政支出结构

在我国经济已由高速增长迈向高质量发展阶段以及减税降费的社会背景

之下，要切实构建民生财政，促使民生领域不断改善，首先需要在财政决策上以民生为导向，突出当前民生性公共服务的重点和难点，合理安排财政支出项目，将区域特色、财力可能和民生需求有机结合，充分体现公共服务的多样性和差异性，最大限度地满足人们对公共服务的消费偏好。其次要在有限的财力基础上对现有财政支出结构进行优化，既要有所收缩，也要做好重点保障。一方面，对于非垄断的一般性竞争领域，政府的相关投入应呈下降趋势，并适时退出；严格控制各级政府的行政成本，做到能压则压，该省则省。另一方面，政府要支持各项社会事业协调发展，不断加大对重点领域重点支出的保障力度。力求从以下三个方面实现财政支出的重点转变：一是实现财政支出重点由城市转向农村。实证结果表明，不论是流转税还是所得税，减税所带来的好处主要由城镇居民享有，这会拉大城乡居民的收入差距，因此，改善我国当前城乡之间的差距还需另辟蹊径。如今的城乡差距主要是多年来的区别对待所导致的，对此，必须改变以往重城市轻农村的做法，尤其要着力解决农村基本公共服务供给不足的问题，包括农村基础教育、卫生医疗以及与生产生活相关的基础设施建设等，真正建设现代化农村，改变农村落后面貌。二是实现财政支出重点由经济建设领域转向社会服务体系建设领域及生态环境保护领域。逐步减少经济性项目支出，重点支持医疗卫生、教育、社会保障与就业、保障性住房建设等各项事业发展，以及保护生物多样性、减少污染物排放等生态环境保护建设。三是实现财政支出重点由传统事业转向支持性新事业，以积极推动国内重大区域战略融合。总体上财政支出需向农村、向边远困难地区、向相对贫困群体、向社会公共领域、向区域协调发展等方面倾斜。

7.4.2.2 优化民生支出效率，避免供给过剩与需求不足并存

政府的公共服务能力与绩效水平，是促进各项民生事业发展，提升居民共享发展水平的重要条件。然而，我国当前民生领域的公共支出效率偏低，公共资金的浪费现象颇为严重，公共服务的提供多表现为"形象工程"，与居民的真实需求存在偏离，更与共享发展的目标相违背。因此，为了进一步推进各地共享发展的进程，必须强调人民在各项民生服务安排中的主导地位，同时，加强政府对民众需求的反应能力、对民生服务的建设能力，努力提升绩效管理水平。首先，需从制度上保障人民的需求意愿得以表达，并以此作为当地基层政府的公共服务供给依据；其次，在具体投入过程中，还需通过

配置和管理两个层面确保相关财政资金的使用不偏离民生轨道；最后，还需保证投入的财政资金效益最大化。具体而言：

一是通过构建畅通的民意表达机制，尽可能做出为本辖区居民提供公共服务的科学决策。一方面，为使大多数居民的需求意愿得以表达，需从制度着手，构建辖区内居民参与当地公共服务投向重点的民主决策机制。为此，可建立健全政府门户网站等相关政府公共服务信息系统，搭建政府与公众之间的信息桥梁和沟通平台。社会公众可以通过门户网站向政府有关部门表达对公共服务需求的诉求与偏好，了解政府部门提供公共服务的职责、工作流程以及政策法规等相关信息，并监督政策落实的公开性与公正性。另一方面，加强公共服务供给决策的科学性，坚决避免以政绩为中心的"形象工程"。应根据居民的需求意愿以确定公共服务的优先供给顺序，并通过对项目可行性的研究，合理确定公共服务供给项目。

二是加强财政资金的配置和管理效率。制度和机制的设立是财政资金效益最大化的基础保障，而在实际使用过程中，还需通过具体手段和方式提升财政资金投入效率。一方面是要加强财政资金在划拨过程中的配置效率。对此，可专设调查小组，专门核查各地区民生领域发展的真实情况、改善进度等，以此作为分配相关财政资金的重要依据。另一方面是要加强财政资金的管理效率。可成立专门的审计机构，对财政资金的投放过程全方位监控，提升资金流向的透明度，确保各项民生支出都能到达各领域最关键的环节，提高政府财政支出管理效率。

三是要完善评价与问责的联动机制。考虑到实践中的每一项公共服务都需要动用一定的财政资金，并以实现一定的公共需求为目标，因此其成本效益的考核以及责任的落实与追究就应该是公共服务制度中不可缺少的重要内容。一方面，各级政府应以公共利益为导向，围绕各部门承担的提供公共服务的职责，有针对性地设计可量化易操作的绩效评价体系。对于绩效评价体系的设计，则应"软硬结合"。换言之，应将能够反映客观事实的具体数量性指标和能够反映辖区内居民主观意愿的满意性指标同时包含在内。然而，从评价结果的直观性和可比性角度，也可将软性指标做硬性化处理，如可将主观性评价设计为非常不满意（-5）、不满意（-2）、比较不满意（0）、比较满意（2）、满意（3）、非常满意（5）等形式，从而与客观指标合并成评价总分。另一方面，建立严格的行政问责机制。对于政府行政机构和公务人员在提供公共服务过程中出现的失职及违反相应法律法规的各种行为，如不及时回应公众诉求、不公开相关信息与政策、随意安排和处置相关预算资金以及存在廉政问题等，严格按照法律法规追究其相应的法律和行政责任。

7.4.3 改善共享发展推进中的社会环境

共享发展的实现是一个宏大的工程，仅靠财政上的支持远远不够，因此在调整完善公共财政制度和政策的同时，还应注重相关社会制度的改善。我国当前的城乡"二元"管理体制和户籍制度等使得城乡居民间、不同群体间在享有各项成果时都存在着极大的不平等，显然与共享发展背道而驰。因此，还需针对相关制度的弊端进行相应改革，为共享发展的推进创造良好的外部条件。

7.4.3.1 改革户籍制度，创新人口管理

随着我国东部地区经济社会等各个领域的飞速发展，越来越多的外省人口聚集于此以寻求更好的发展机会。与此同时，伴随着城镇化进程的加快，大批农村务工人员进入城市以开展新的生活。然而，户籍制度的存在使得这些外来人口所能享有的公共权益大打折扣。党的十八大以来，有关户籍制度的改革正逐步完善，坚持以人为核心、维护进城落户人口的基本权益已得到了党中央的高度重视。如今，农村转移人口增幅虽已明显放缓，但户籍城镇化率与常住城镇化率的差距依然较大，即落户政策的推行与实施仍滞后于人口流动需求。对此，还需结合新形势，站在新高度，推动户籍改革继续向前。

首先，根据城市规模实施不同落户方案。对于特大城市（人口 > 500万），一方面，按功能定位和城市的承载能力实行区域分类落户制度，体现区域差异，放宽非主城区的落户条件；另一方面，按照就业、居住、缴纳社保等条件精简积分落户制度，确保社会保险缴纳年限和居住年限分数占主要比例，鼓励取消年度落户名额限制，重点解决符合条件的普通劳动者的落户问题。对于大城市（人口 < 500万），要着力提高进城农民市民化转变质量，并将重点人群集中在以下群体：一是在城镇稳定就业居住5年以上；二是举家迁徙。在中小城市及县以下建制镇，对本地农业人口开展就近就业引导工作，从而推进农村转移人口就地市民化。

其次，对城镇化进程中的流动人口全面实行居住证制度，并建立相应管

理系统，提高居住证含金量，保障拥有居住证的非本地户口人群在各项公共服务方面都能与本地居民享有同等待遇，真正做到发展成果共享的道路上不落下一个人。当领取居住证后满足当地居住年限及其他相关条件时，可申请常住人口户口。此外，还可在该管理系统的基础上，建立本地农业转移人口涵盖面更广泛的信息平台，全面掌握转移人口住房、医疗、就业、社保等生活动态。

最后，随着我国人口信息系统的完全建立，各地医疗、养老等信息的全国联网工作的全部到位，可考虑放开户籍限制，只将其作为人口登记和管理的手段，从而彻底打破公共利益壁垒。

7.4.3.2　加强农村转移人口的日常管理工作

除了户籍制度上的限制外，农村转移人口自身素养整体较低和文化观念上的长期落后，也不利于为其争取当地平等的公共权益。因此，必须加强农村转移人口的日常管理工作，彻底转变他们的思想观念，提高他们的技能和素养，使其真正转变为"人才红利"，加入共建共享当中。其一，设立相关的工作小组和领导部门专门负责城市农民住房保障，就业保障，以及医疗、子女入学等社会保障工作。其二，完善劳动力市场体系，保护广大农村务工者的合法权益。包括：修改劳动法律法规；加强市场监管；不断增加有关信息提供量和服务内容，疏通职位搜寻渠道，提高劳动力配置效率。其三，建设开放式的城市新型社区，并提供相应的文体、卫生、安全等基本公共服务，以促进城市内不同群体间的平等交往。

7.4.3.3　开展农村住宅置换，推进土地股份制改革

在城镇化过程中，大量农村地区的土地被国家征收，失地农民人数不断增加，近年来，我国各地已在积极探索对失地农民的补偿方式，但总体而言，补偿标准过低、分配不合理等问题使得失地农民的利益被大量侵占。长此以往，不仅使得这些失地农民失去了共享发展的机会和权利，更会引发部分民众的不满情绪。

为保障失地农民的利益，还需探索多元化的补偿安置方式。首先，必须明确的是，是否放弃宅基地使用权和土地承包经营权，要完全尊重农民本人意愿，不得强征或变相强制收回。其次，积极推行农村住宅置换当地城镇规划区新建商品房相关工作。在满足自愿的前提下，推行的主要人群为在本地

城镇居住达到标准时限，且拥有正规职业和稳定收入的本省户籍农民。置换中的纯收益全部划归农民所有。除此之外，对农村土地继续推进股份制改革。鼓励农民以承包地土地经营权入股龙头企业和农村合作社，发展农业产业化经营，并通过"保底收益"加上"按股分红"使农户获得收益。实践证明，这一方式比出租、转包更有利于密切利益关系，实现可持续流转，同时也能保证土地得到较好维护和利用，实现规模效益。最后，除经济利益外，还需保障相关农民其他领域权益的公平享有。如由农民缴纳小部分，当地征地政府和集体负担大部分，设立失地农民社会保障专项基金，加快构建失地农民基本养老、医疗等社会保障体系。对于土地增值收益分配方案的确立，还需在集体组织中建立农民内部决策机制，保障农民的决策权和自主权。

7.5 本章小结

基于共享发展的推进目标，并综合理论和实证分析结果，本章分别从短期和长期两个角度对我国下一步税收政策的制定提出建议，并进一步将共享发展的实现目光放在整个财政范畴及与之相关的管理制度上。

首先，从整体上把握税制结构的优化方向，即从间接税转向直接税，而这一改革必须立足于我国现实情况和改革路线。在当前减税降费的政策背景下，将税制结构的优化与以减税为核心的税制改革有机结合，在此过程中妥善处理好间接税和直接税的关系，而待时机成熟时全方位提升直接税的调节功能。

其次，从具体税种层面分步完善我国税收政策。一方面，在短期发展阶段改善税收重点领域的各项减税政策，以继续适当调整税制结构。具体包括：进一步完善增值税各项减税政策；及时调整消费税征收范围和税率；推动形成税基宽广、税率适中的个人所得税制；根据企业所在行业的不同实行差别化征收。另一方面，长期发展阶段下则需适时提高地方自有税收能力，包括打造地方政府的主体税种，继续改革资源税等现有税种。在完善直接税体系，全面优化税制结构的同时，提升地方自有财力水平。

再次，从整个财政范畴推进共享发展。一方面，理顺中央和地方间的财政关系。共享发展的推进既需要党中央的顶层设计和整体协调，也需要各地方政府面向实际,切实发挥其社会管理职能。对此,还需进一步理顺政府间的财政关系,以保障各级政府的民生职责。另一方面,构建民生财政,优化财政支出。共享发展不仅是在当前阶段还是从长远角度都需要民生财政给予支撑。对此,还需继续优化财政支出结构,调动更多的财政资金投向民生领域,高效地投向重点区域、重点项目和重点人群。

最后,改善共享发展推进中的社会环境。通过户籍制度和人口管理上的创新,确保同一地区不同群体公平享有各项公共权益;加强农村转移人口的日常管理工作,提高其技能和素养,真正转变为"人才红利",加入共建共享当中;通过推进土地股份制改革,维护农村失地农民的合理利益,以形成其日后提升自我、共享当地发展成果的资本。

结　语

新时期，新征程，新发展，在这样一个宏观背景下，习近平总书记提出了"五大新发展理念"，并将"共享"作为发展的出发点和落脚点。人人共建，人人共享，是社会发展的理想状态，更关乎我国的长治久安和人民福祉，充分体现了社会主义建设的本质和党的执政理念。本书聚焦共享发展的推进问题展开讨论，试图探究我国近年来持续推行的减税政策在其中所扮演的角色，并根据渐进的发展思想，将共享发展分为短期视角和长期视角来探讨相关问题。在研究过程中，首先，以共享发展的理论内涵为依据，分别就不同视角设计共享发展的评价指标体系，并对我国当前共享发展现状进行全面分析，以此作为进一步研究的现实依据。其次，从不同视角分析共享发展推进中减税的影响效应，同时，对短期视角下减税过程中税收结构优化的影响效应，以及长期视角下民生支出保障与效率的中介机制是否成立加以检验，从而更深入地剖析减税如何通过直接和间接两个方面作用于共享发展。本书的主要结论有：

首先，我国各地方短长期视角下的共享发展指数都呈现出逐年递增的态势，且最高水平地区与最低水平地区的纵向差距也都有所减小，但差异性、非共享性的现象依然存在。

其次，短期视角下，随着我国减税力度的不断加大和地方政府的贯彻执行，各地人均税收增长率普遍呈下降趋势，对当地共享发展水平的提升产生了积极影响，此外，减税过程中税收结构的优化也会促进共享发展的实现。

最后，长期视角下，减税会引起地方政府自有财力的缺乏，且这种财力缺乏不论从维持做大税基增速（GDP增速）困难度的角度，还是从拉弗曲线理论角度，都无法继续依靠减税的"放水养鱼"功效得以有效弥补，由此会大大降低各地方民生领域支出效率，从而对共享发展的实现形成阻碍。

针对上述结论，本书提出以下政策建议：

一方面，把握好税收政策改善方向。从整体上确定由间接税转向直接税的税制结构优化目标，但必须遵循我国现实情况和改革路线。短期内，继续完善税收重点领域的各项减税政策，适当调整税制结构，从而推动短期视角下共享发展水平的不断提升。长期发展阶段中，还需在完善直接税体系、全面优化税制结构的同时，提升地方自有财力水平，以此助力长期视角下共享发展的全面提高。

另一方面，做好共享发展目标下的配套措施。共享发展是一个宏大的工程，应将共享发展实现的目光放宽至整个财政范畴，及与之相关的管理制度。其一，理顺中央和各地方政府的财政关系，以保障各级政府的民生职责；其二，继续优化财政支出结构，真正构建民生财政；其三，针对社会相关管理制度的种种弊端进行相应改革，为共享发展的推进创造良好的外部条件。

通过这样的研究，我们深刻领会到共享发展理念的提出，以及在该理念下构建全民全面发展和共享制度体系的重要意义和实际价值，同时也认识到任务的长期性和艰巨性。本书的研究成果只是宏大主题下的冰山一角，在未来，对于这一主题还需进行更为深入的研究，对于研究过程中存在的难题也需进行更深入的思考。其中可能包含的方向有：共享发展的难题在乡村，乡村振兴的道路选择与实现；利益共享分配机制的探索；地方民生服务建设标准体系的构建及实施效果评价，如教育机会是否平等，医疗健康机会是否平等，养老体系是否完善等；新时期下，中央与地方财政关系的进一步理顺，包括：各级政府民生服务领域事权和支出责任的划分及财力协调机制的构建，基于区域协调发展战略下政府间横向转移支付机制的建立与完善，等等。这一系列问题都是我国在推进全民共享发展道路上急需解决的难题，也是相关领域研究者今后努力的方向。

参 考 文 献

[1] 阿玛蒂亚·森. 以自由看待发展 [M]. 北京：中国人民大学出版社, 2002.

[2] 安秀梅, 李丽珍, 王东红. 财政分权、官员晋升激励与区域共享发展 [J]. 经济与管理评论, 2018 (4)：27-39.

[3] 保罗·萨缪尔森, 威廉·诺德豪斯. 经济学 [M]. 北京：商务印书馆, 2011.

[4] 陈雪, 王永贵. 全面把握新时代共享发展理念的理与路 [J]. 南京工业大学学报（社会科学版）, 2020, 19 (5)：48-57.

[5] 陈建东, 覃小棋, 吴茵茵. 房贷利息及住房租金个人所得税税前扣除的效应研究 [J]. 税务研究, 2021 (3)：52-59.

[6] 陈俊华, 刘娜. 财政分权对保障性住房供给效率的影响研究 [J]. 财政研究, 2021 (9)：56-70.

[7] 陈龙, 刘杰. 我国个人所得税税率结构设计理念、实践及改进空间 [J]. 地方财政研究, 2020 (10)：49-58.

[8] 陈丰龙, 王美昌, 徐康宁. 中国区域经济协调发展的演变特征：空间收敛的视角 [J]. 财贸经济, 2018 (7)：128-143.

[9] 蔡红英, 魏涛, 陶东杰. 地方公共品提供与收入筹集的各国实践及启示 [J]. 税务研究, 2021 (10)：22-25.

[10] 钞小静, 任保平. 新发展阶段共同富裕理论内涵及评价指标体系构建 [J]. 财经问题研究, 2022 (7)：3-11.

[11] 董振华. 共享发展理念的马克思主义世界观方法论探析 [J]. 哲学研究, 2016 (6)：13-18.

[12] 邓小平文选（第三卷）[M]. 北京：人民出版社, 1993.

[13] 弗朗索瓦·佩鲁. 新发展观 [M]. 北京：华夏出版社, 1987.

[14] 范建平,郭子微,吴美琴. 区域共享发展水平测度与分析 [J]. 统计与决策, 2021 (10): 101-105.

[15] 方昊,李争. 全面共享:社会发展和人的发展相统一 [EB/OL]. (2017-03-01) [2022-06-29]. https://www.sohu.com/a/127547735_162758.

[16] 冯海波,楼清昊. 多重约束条件下的我国企业所得税改革 [J]. 税务研究, 2022 (4): 34-41.

[17] 费茂清,杨昭,周克清. 公平视角下我国新一轮个人所得税改革评价 [J]. 财经科学, 2020 (7): 66-78.

[18] 郭瑞萍. 论中国共产党共同富裕思想的百年演变 [J]. 陕西师范大学学报(哲学社会科学版), 2021 (6): 26-34.

[19] 郭健,谷兰娟,王超. 税制结构与共同富裕——兼论经济发展水平的门槛效应 [J]. 宏观经济研究, 2022 (4): 64-80, 129.

[20] 顾海良. 新发展理念与当代中国马克思主义经济学的意蕴 [J]. 中国高校社会科学, 2016 (1): 4-7.

[21] 高质量发展研究课题组. 中国经济共享发展评价指数研究 [J]. 行政管理改革, 2020 (7): 14-26.

[22] 高海波. 消除贫困和促进共同富裕的中国智慧——基于《资本论》反贫困理论的经济哲学解读 [J]. 大连理工大学学报(社会科学版), 2022 (1): 1-8.

[23] 国家税务总局厦门市税务局课题组. 进一步优化综合与分类相结合个人所得税的对策建议 [J]. 税务研究, 2022 (2): 67-71.

[24] 韩喜平. 整体把握共享发展理念的四个向度 [J]. 社会科学家, 2016 (12): 30-34.

[25] 韩振峰. 五大发展理念是中国共产党发展理论的重大升华 [J]. 思想理论教育导刊, 2016 (1): 67-70.

[26] 韩学丽. 共同富裕视角下个人所得税的作用机理及优化路径 [J]. 地方财政研究, 2022 (1): 7-14.

[27] 衡霞,谭振宇. 共建共治共享视角下以人民为中心的公共价值治理框架构建 [J]. 财政研究, 2019 (7): 117-125.

[28] 黄凤羽,李洁. "十四五"时期经济高质量发展与税制结构优化 [J]. 税务研究, 2021 (9): 11-17.

[29] 贺雪峰. 区域差异与中国城市化的未来 [J]. 北京工业大学学报（社会科学版），2022（5）：67-74.

[30] 贺善侃. 共享发展与劳动幸福 [J]. 广西社会科学，2021（6）：33-37.

[31] 胡洪曙，伍锶芪. 基于获得感提升的基本公共服务供给结构优化研究 [J]. 财贸经济，2019，40（12）：35-49.

[32] 胡晨沛，吕政. 中国经济高质量发展水平的测度研究与国际比较——基于全球35个国家的实证分析 [J]. 上海对外经贸大学学报，2020（5）：91-100.

[33] 蒋茜. 论共享发展的重大意义、科学内涵和实现途径 [J]. 求实，2016（10）：62-69.

[34] 姜明耀. 现代产业体系视角下的增值税改革 [J]. 税务研究，2022（5）：33-39.

[35] 姬旭辉. 从"共同富裕"到"全面小康"——中国共产党关于收入分配的理论演进与实践历程 [J]. 当代经济研究，2020（9）：42-50.

[36] 寇璇，张楠，刘蓉. 同龄收入不均等与财政再分配贡献——基于个税和转移支付的实证分析 [J]. 财贸经济，2021（8）：37-52.

[37] 卢丹阳. 共享发展视域下我国分配正义实现路径探析 [J]. 法制与社会，2020（12）：86-88.

[38] 李军鹏. 共同富裕：概念辨析、百年探索与现代化目标 [J]. 改革，2021（10）：12-21.

[39] 李玲. 当前中国调节收入分配差距的公共政策：存在的问题与完善路径——基于公共性的分析视角 [J]. 社会主义研究，2015（2）：85-91.

[40] 李华. 高质量发展目标下税收体系构建与减税降费再推进 [J]. 税务研究，2019（5）：25-29.

[41] 李海舰，杜爽. 推进共同富裕若干问题探析 [J]. 改革，2021（12）：1-15.

[42] 李宇. 共享发展的内涵与实现路径 [N]. 中国社会科学报，2020-09-29（02）.

[43] 李斌，陈开军. 对外贸易与地区经济差距变动 [J]. 世界经济，2007（5）：25-32.

[44] 李实. 从全面小康走向共同富裕的着力点 [J]. 中国党政干部论坛, 2020 (2): 16-19.

[45] 李晶, 牛雪红. 基于收入结构的个人所得税收入分配效应研究 [J]. 宏观经济研究, 2022 (2): 16-26.

[46] 李晖, 李詹. 省际共享发展评价体系研究 [J]. 求索, 2017 (12): 87-95.

[47] 吕炜. 财政与共同富裕: 实践历程、逻辑归结与改革路径 [J]. 财政研究, 2022 (1): 12-17.

[48] 吕冰洋, 蔡红英, 崔茂权. 实现消费地原则的增值税改革: 政府间财政关系的破解之策 [J]. 中央财经大学学报, 2015 (6): 3-9.

[49] 刘旭雯. 新时代共同富裕的科学意蕴 [J]. 北京工业大学学报 (社会科学版), 2022 (3): 1-11.

[50] 刘旭雯. 中国共产党百年共同富裕实践的三重逻辑向度研究 [J]. 河南大学学报 (社会科学版), 2021 (7): 1-8.

[51] 刘志国, 刘慧哲. 收入流动与扩大中等收入群体的路径: 基于CFPS数据的分析 [J]. 经济学家, 2021 (11): 100-109.

[52] 刘尚希. 论促进共同富裕的社会体制基础 [J]. 行政管理改革, 2021 (12): 4-8.

[53] 刘培林, 钱滔, 黄先海, 董雪兵. 共同富裕的内涵、实现路径与测度方法 [J]. 管理世界, 2021 (8): 117-127.

[54] 刘磊, 张永强. 增值税减税政策对宏观经济的影响——基于可计算一般均衡模型的分析 [J]. 财政研究, 2019 (8): 99-110.

[55] 刘怡, 聂海峰. 间接税负担对收入分配的影响分析 [J]. 经济研究, 2004 (5): 22-30.

[56] 刘怡, 张宁川, 耿纯. 增值税分享、消费统计与区域协调发展——基于增值税分享由生产地原则改为消费地原则的思考 [J]. 税务研究, 2021 (8): 28-34.

[57] 刘成龙, 吉尔克. 营改增的收入分配效应——基于投入产出价格模型的分析 [J]. 税务研究, 2017 (11): 46-51.

[58] 刘穷志、罗婵. 企业减税是否会加剧收入不平等?——基于"营改增"准自然实验的研究 [J]. 中南财经政法大学学报, 2019 (5): 87-95.

[59] 刘明慧,张慧艳. 赡养老人专项附加扣除效应测度：减税与收入分配的双重维度 [J]. 地方财政研究, 2021 (7)：20-28.

[60] 刘海波,邵飞飞,钟学超. 我国结构性减税政策及其收入分配效应——基于异质性家庭 NK-DSGE 的模拟分析 [J]. 财政研究, 2019 (3)：30-46.

[61] 刘康. 习近平以人民为中心发展思想的逻辑阐释 [J]. 河南大学学报（社会科学版）, 2021 (5)：17-21.

[62] 刘晨晖,高房价加剧了省际经济发展不平衡吗？——基于中心—外围视角的测算与经验分析 [J]. 财经问题研究, 2017 (2)：97-104.

[63] 理查德·泰勒. 错误的行为 [M]. 王晋,译. 北京：中信出版社, 2016.

[64] 陆铭,向宽虎. 破解效率与平衡的冲突——论中国的区域发展战略 [J]. 经济社会体制比较, 2014 (4)：1-16.

[65] 马海涛,姜爱华,程岚,赵国春. 中国基本公共服务均等化问题研究 [M]. 北京：经济科学出版社, 2011.

[66] 马海涛,朱梦珂. 税收负担对企业固定资产投资的影响——基于税种差异视角的研究 [J]. 经济理论与经济管理, 2021 (11)：4-22.

[67] 马海涛,贺佳. 税制结构对城乡共同富裕的影响 [J]. 税务与经济, 2023 (1)：8-16.

[68] 马海涛,王俊. 中国新型城镇化进程中的土地财政与公共服务问题研究 [M]. 北京：中国财政经济出版社, 2014.

[69] 马理,黎妮,马欣怡. 破解胡焕庸线魔咒实现共同富裕 [J]. 财政研究, 2018 (9)：48-64.

[70] 马克思恩格斯文集：第1卷 [M]. 北京：人民出版社, 2009.

[71] 马克思恩格斯文集：第3卷 [M]. 北京：人民出版社, 2009.

[72] 马克思恩格斯全集 [M]. 北京：人民出版社, 1995.

[73] 马金华,杨宏,刘宇. 税收学理下的共同富裕：历史逻辑、理论渊源与现实选择 [J]. 税务研究, 2022 (10)：5-11.

[74] 马蔡琛,赵笛. 基于高质量发展的资源税改革研究 [J]. 税务研究, 2022 (5)：40-46.

[75] 宁宇涵,朱宗友. 新时代共享发展理念的内涵与实现 [J]. 沈阳

农业大学学报（社会科学版），2020（4）：485-489.

[76] 潘峰. 目标新内涵 发展新理念 行动新举措——党的"十三五"规划建议的创新亮点 [J]. 理论探索，2016（1）：5-13.

[77] 乔俊峰，张春雷. 转移支付、政府偏好和共享发展——基于中国省级面板数据的分析 [J]. 云南财经大学学报，2019（1）：15-28.

[78] 阮敬，刘雅楠. 共享理念视角下发展成果测度及其动因分析 [J]. 统计与信息论坛，2019（7）：35-43.

[79] 孙明慧. 共享发展的思想源流、科学内涵与衡量标准 [J]. 江西社会科学，2017（11）：239-244.

[80] 孙德超，毛素杰. 农民工群体享有基本公共服务的现状及改进途径 [J]. 吉林大学社会科学学报，2012（3）：153-158.

[81] 孙巍，夏海利. 城乡收入分布与经济结构转型 [J]. 吉林大学社会科学学报，2022（5）：84-100，237.

[82] 史琳琰，胡怀国. 高质量发展与居民共享发展成果研究 [J]. 经济与管理，2021（5）：1-9.

[83] 邵彦敏，陈肖舒. 共享发展与失地农民社会保障 [J]. 学习与探索，2017（2）：64-69.

[84] 申广军，陈斌开，杨汝岱. 减税能否提振中国经济？——基于中国增值税改革的实证研究 [J]. 经济研究，2016（11）：70-82.

[85] 申广军，王荣，张延. 结构性减税与劳动收入份额——兼论增值税转型的分配效应 [J]. 经济科学，2018（3）：61-74.

[86] 十七大以来重要文献选编（上册）[M]. 北京：中央文献出版社，2009.

[87] 十八大报告辅导读本 [M]. 北京：人民出版社，2012.

[88] 施文泼，贾康. 中国矿产资源税费制度的整体配套改革：国际比较视野 [J]. 改革，2011，（1）：5-20.

[89] 沈琼，程川. 父辈社会地位对城乡居民收入差距的影响研究 [J]. 西南大学学报（自然科学版），2022（10）：1-10.

[90] 斯丽娟，汤晓晓. 数字普惠金融对农户收入不平等的影响研究——基于CFPS数据的实证分析 [J]. 经济评论，2022（5）：100-116.

[91] 唐睿. 习近平共享发展理念的理论渊源、科学内涵与时代价值

[J]. 汉江师范学院学报, 2021 (2): 73-77.

[92] 佟大建, 金玉婷, 宋亮. 农民工市民化: 测度、现状与提升路径——基本公共服务均等化视角 [J]. 经济学家, 2022 (4): 118-128.

[93] 吴忠民. 普惠性公正与差异性公正的平衡发展逻辑 [J]. 中国社会科学, 2017 (9): 33-44.

[94] 吴文新, 程恩富. 新时代的共同富裕: 实现的前提与四维逻辑 [J]. 上海经济研究, 2021 (11): 5-19.

[95] 吴毅君, 张志. 共享发展是实现社会主义公平正义的根本 [N]. 光明日报, 2016-08-03 (15).

[96] 吴宇. 共同富裕与共享发展 [J]. 广西社会科学, 2022 (1): 11-20.

[97] 王大树. 财税政策与共享发展 [J]. 北京大学学报 (哲学社会科学版), 2016 (2): 28-31.

[98] 王生升. 在共享发展中正确处理促进共同富裕的三重关系 [J]. 思想理论导刊, 2021 (11): 13-18.

[99] 王立胜. 以共享发展促共同富裕: 理念、挑战与路径 [J]. 当代世界与社会主义, 2021 (6): 61-67.

[100] 王蕾, 李红玉, 魏后凯. 城乡共享发展评价体系的构建与评价 [J]. 经济纵横, 2012 (7): 56-59.

[101] 王敏, 陈树文. 公平正义: 国家治理现代化的核心价值取向及其实现路径——基于社会主要矛盾视域 [J]. 北京交通大学学报 (社会科学版), 2021 (4): 155-162.

[102] 王与君. 析共同富裕的两个基本条件 [J]. 经济学家, 1999 (2): 75-79.

[103] 万海远, 陈基平. 共享发展的全球比较与共同富裕的中国路径 [J]. 财政研究, 2021 (9): 14-29.

[104] 万海远, 陈基平. 共同富裕的理论内涵与量化方法 [J]. 财贸经济, 2021 (12): 18-33.

[105] 王圣云, 姜婧. 中国人类发展指数 (HDI) 区域不平衡演变及其结构分解 [J]. 数量经济技术经济研究, 2020 (4): 85-106-28.

[106] 王文甫, 刘亚玲. 消费税征收环节后移改革的品目范围研究 [J]. 税务研究, 2021 (4): 70-76.

[107] 万莹. 我国流转税收入分配效应的实证分析 [J]. 当代财经, 2012 (7): 21-30.

[108] 万莹, 王山. 我国消费税改革相关问题及应对 [J]. 税务研究, 2022 (3): 93-99.

[109] 汪川, 姚秋歌. 后危机时代中国减税政策的宏观影响和政策效应评估——基于动态随机一般均衡模型的分析 [J]. 当代经济研究, 2021 (2): 96-104.

[110] 汪昊. "营改增"减税的收入分配效应 [J]. 财政研究, 2016 (10): 85-100.

[111] 温忠麟, 叶宝娟. 中介效应分析: 方法和模型发展 [J]. 心理科学进展, 2014 (5): 731-745.

[112] 习近平谈治国理政, 第2卷 [M]. 北京: 外文出版社, 2017.

[113] 习近平. 深入理解新发展理念 [J]. 当代党员, 2019 (12): 4-9.

[114] 席鹏辉, 梁若冰, 谢贞发, 苏国灿. 财政压力、产能过剩与供给侧改革 [J]. 经济研究, 2017 (9): 86-102.

[115] 谢华育, 孙小雁. 共同富裕、相对贫困攻坚与国家治理现代化 [J]. 上海经济研究, 2021 (11): 20-26.

[116] 郗曼, 付文林, 范燕丽. 财政依赖与地区减贫增收——基于国家级贫困县面板数据的实证研究 [J]. 财政研究, 2021 (7): 66-79.

[117] 徐多. 共同富裕视角下的个人所得税改革路径选择: 促进经济发展还是缩小收入差距 [J]. 河南社会科学, 2022 (5): 45-55.

[118] 许宪春, 郑正喜, 张钟文. 中国平衡发展状况及对策研究——基于"清华大学中国平衡发展指数"的综合分析 [J]. 管理世界, 2019 (5): 15-28.

[119] 解垩, 宋颜群. 税收、转移支付与顶层收入不平等 [J]. 河海大学学报 (哲学社会科学版), 2022 (4): 47-65.

[120] 亚当·斯密. 国富论 [M]. 北京: 商务印书馆, 2015.

[121] 约翰·罗尔斯. 正义论 [M]. 北京: 中国社会科学出版社, 2009.

[122] 约瑟夫·E. 斯蒂格利茨. 不平等的代价 [M]. 张子源, 译. 北京: 机械工业出版社, 2013.

[123] 余达淮, 刘沛妤. 共享发展的思维方式、目标与实践路径 [J].

南京社会科学, 2016 (5): 62-68.

[124] 余玉湖, 陆珊珊. 马克思的共享思想及其时代价值 [J]. 重庆理工大学学报 (社会科学), 2022 (4): 30-40.

[125] 余淼杰, 曹健. 新发展格局中的共同富裕 [J]. 新疆师范大学学报 (哲学社会科学版), 2022 (1): 59-68, 2.

[126] 于成文. 坚持"质""量"协调发展 扎实推动共同富裕 [J]. 探索, 2021 (6): 31-47.

[127] 叶南客. 共享发展理念的时代创新与终极价值 [J]. 南京社会科学, 2016, (1): 4-7.

[128] 叶兴庆. 践行共享发展理念的重点难点在农村 [J]. 中国农村经济, 2016 (10): 14-18.

[129] 杨灿明. 中国战胜农村贫困的百年实践探索与理论创新 [J]. 管理世界, 2021 (11): 1-14.

[130] 杨沫. 新一轮个税改革的减税与收入再分配效应 [J]. 经济学动态, 2019 (7): 37-49.

[131] 尹彦辉, 孙祥栋. 发展不平衡现状下减税降费的收入分配效应——基于 TANK-DSGE 模型的分析 [J]. 经济体制改革, 2021 (5): 120-128.

[132] 岳希明, 张玄. 优化税收收入分配效应的思考 [J]. 税务研究, 2021 (4): 11-18.

[133] 袁江, 张成思. 强制性技术变迁、不平衡增长与中国经济周期模型 [J]. 经济研究, 2009 (12): 17-29.

[134] 朱方明, 贾卓强. 共担、共建、共享: 中国共产党百年分配思想演进与制度变迁 [J]. 经济体制改革, 2021 (5): 5-10.

[135] 朱霁, 廖加林. 论共享发展理念对共同富裕原则的坚持和发展 [J]. 广西社会科学, 2020 (11): 26-30.

[136] 赵满华. 共享发展的科学内涵及实现机制研究 [J]. 经济问题, 2016 (3): 7-13, 66.

[137] 赵术高, 周兵. 资源税改革: 职能理念、分配关系与税制税权 [J]. 地方财政研究, 2020 (1): 65-77.

[138] 张秀荣. 论共享发展的鲜明特征 [J]. 中国高校社会科学, 2021 (1): 107-113, 160.

[139] 张贤明, 邵薪运. 共享与正义: 论有尊严地共享改革发展成果 [J]. 吉林大学社会科学学报, 2011 (1): 42-48.

[140] 张琦. 中国共享发展研究报告 (2016) [M]. 北京: 经济科学出版社, 2017.

[141] 张占斌, 吴正海. 共同富裕的发展逻辑、科学内涵与实践进路 [J]. 新疆师范大学学报 (哲学社会科学版), 2022 (1): 39-48, 2.

[142] 张来明, 李建伟. 促进共同富裕的内涵、战略目标与政策措施 [J]. 改革, 2021 (9): 16-33.

[143] 张车伟, 赵文, 李冰冰. 国民收入在部门间的分配及减税降费的影响——基于七部门资金流量表的测算与分析 [J]. 中国人口科学, 2020 (6): 16-28, 126.

[144] 张天姣. 共享发展理念下深化我国收入分配制度改革的目标与政策建议 [J]. 当代财经, 2021 (10): 43-55.

[145] 张颖. 习近平共享发展理念研究 [D]. 湘潭: 湖南科技大学, 2019.

[146] 张海莹. 我国资源税改革的意义、问题与方向 [J]. 当代经济管理, 2013 (4): 42-50.

[147] 郑瑞坤, 向书坚. 城乡居民共享改革发展成果的一种测度方法及应用 [J]. 财贸研究, 2018 (4): 15-25.

[148] 詹静楠, 吕冰洋. 财政与共同富裕财政与共同富裕——多维分配视角下的分析 [J]. 财政研究, 2022 (1): 47-59.

[149] 詹新宇, 苗真子. 地方财政压力的经济发展质量效应——来自中国 282 个地级市面板数据的经验证据 [J]. 财政研究, 2019 (6): 57-71.

[150] 中共中央关于坚持和完善中国特色社会主义制度 推进国家治理体系和治理能力现代化若干重大问题的决定 [M]. 北京: 人民出版社, 2019.

[151] 周靖祥. 中国社会与经济不平衡发展测度与治理方略研究 [J]. 数量经济技术经济研究, 2018 (11): 21-38.

[152] Baxter M, Robert G. K. Fiscal Policy in General Equilibrium [J]. American Economic Review, 1993, 83 (3): 315-334.

[153] Bird, R. M, Zolt, E. M. The limited role of the personal income tax in developing countries [J]. Journal of Asian Economics, 2005, 16 (6): 928-946.

[154] Best M C, Brockmeyer A, Kleven H J, Spinnewijn J, Waseem

M. Production Versus Revenue Efficiency with Limited Tax Capacity: Theory and Evidence from Pakistan [J]. Journal of Political Economy, 2015, 123 (6): 1311-1355.

[155] Brixi, H. P., Swift, Z. L. Tax Expenditures – shedding Light on Government Spending Through the Tax System [M]. World Bank Publications, 2004.

[156] Boyle, J, D. Jacobs. The Intracity Distribution of services: A Multivariate Analysis [J]. Public Administration Science Review, 1982, 76 (2): 371-379.

[157] Benhabib, J., A. Bisin, M. Luo. Wealth Distribution and Social Mobility in the US: A Quantitative Approach [J]. American Economic Review, 2019, 109 (5): 1623-1647.

[158] Cullen, J. B., Gordon, R. H. Taxes and Entrepreneurial Risk – taking: Theory and Evidence for the U. S [J]. Journal of Public Economics, 2007, 91 (7-8): 1479-1505.

[159] Da Rin, M., Nicodano, G., Sembenelli, A. Public Policy and the Creation of Active Venture Capital Markets [J]. Journal of Public Economics, 2006, 90 (8-9): 1699-1723.

[160] Du J, Lu Y, Tao Z. Government Expropriation and Chinese – style Firm Diversification [J]. Journal of Comparative Economics, 2015, 43 (1): 155-169.

[161] Gabaix, X., J. M. Lasry, P. L. Lions, B. Moll. The Dynamics of Inequality [J]. Econometrica, 2016, 84 (6): 2071-2111.

[162] Ingvil Gaarder. Incidence and Distributional Effects of Value Added Taxes [J]. The Economic Journal, 2019 (2): 853-876.

[163] Korpi, W., Palme, J. The Paradox of Redistribution and Strategies of Equality: Welfare State Institutions, Inequality, and Poverty in the Western Countries [J]. American Sociological Review, 1998, 63 (5): 661-670.

[164] Kuhn, M., Schularick, M., U. I. Steins. Income and Wealth Inequality in America, 1949-2016 [J]. Journal of Political Economy, 2020, 128 (9): 3469-3519.

[165] Leyaro V., Morrissey O., Owens T. Food Prices, Tax Reforms and

Consumer Welfare in Tanzania 1991 – 2007 [J]. International Tax and Public Finance, 2010 (17): 430 – 450.

[166] Lyons Thomas, P. Inter – provincial disparities in China: output and consumption, 1952 – 1987 [J]. Economic Development and Cultural Change, 1991 (4): 471 – 505.

[167] Martin L. Weitzman. The Share Economy: Conquering Stagflation [M]. Cambridge, MA: Harvard University Press, 1984.

[168] Mckay A, Reis R. The Role of Automatic Stabilizers in the U. S. Business Cycle [J]. Econometrical, 2016, 84 (1): 141 – 194.

[169] Michael E. Porter. The Competitive Advantage of Nations [M]. Basingstoke: Macmillan, 1990.

[170] Martinez Turegano, D. , A. Garcia Herrero. Financial Inclusion, Rather Than Size, Is the key to Tackling Income Inequality [J]. The Singapore Economic Review, 2018, 63 (1): 167 – 184.

[171] Nakada M. Environmental Tax Reform and Growth: Income Tax Cuts or Profits Tax Reduction [J]. Environmental and Resource Economics, 2010, 47 (4): 549 – 565.

[172] Omar, M. A. , K. Inaba. Does Financial Inclusion Reduce Poverty and Income Inequality in Developing Countries? A Panel Data Analysis [J]. Journal of Economic Structures, 2020, 9 (1): 1 – 25.

[173] Piketty T. , Y. Li, G. Zucman. Capital Accumulation, Private Property, and Rising Inequality in China, 1978 – 2015 [J]. American Economic Review, 2019, 109 (7): 2469 – 2496.

[174] Rebelo S. Long – Run Policy Analysis and Long – Run Growth [J]. Journal of Political Economy, 1991, 99 (3): 500 – 521.

[175] Ramey V. A. Can Government Purchases Stimulate the economy [J]. Journal of Economic Literature, 2011, 49 (3): 673 – 685.

[176] Rubolino, E. , Waldenstrm, D. Tax Progressivity and Top Incomes: Evidence from Tax Reforms [Z]. Working Paper Series 1161, 2017.

[177] Sarkar S. Attracting Private Investment: Tax Reduction, Investment Subsidy, or Both? [J]. Economic Modeling, 2012, 29 (5): 1780 – 1785.

[178] Suresh, N., Ethan, R., Juan, C. S. S. Do Corporate Tax Cuts Increase Income Inequality? [Z]. NBER Working Papers Series 24598, 2018.

[179] Stigler. The Tenable Range of Functions of Local Government [M] // Federal Expenditure Policy for Economic Growth and Stability. Washington, D. C.: Joint Economic Committee, Subcommittee on Fiscal Politics, 1957.

[180] Saez, E., Zucman, G. Wealth Inequality in the United States since 1913: Evidence from Capitalized Income Tax Data [J]. The Quarterly Journal of Economics, 2016, 131 (2): 519 – 578.

[181] Tiebout. A Pure Theory of Local Expenditures [J]. The Journal of Political Economy, 1956, 64 (5): 416 – 424.

[182] Wallace E. Oates. An essay on fiscal federalism [J]. Journal of Economic Literature, 1999, 37 (3): 1120 – 1149.

[183] William G. Gale, Scholz, J. K. Intergenerational transfers and the accumulation of wealth [J]. The Journal of Economic Perspectives, 1994, 8 (4): 145 – 160.